服务经济与管理 文库

贸易开放影响环境的碳排放效应研究

谷祖莎 ◎ 著

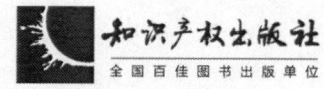

知识产权出版社
全国百佳图书出版单位

图书在版编目（CIP）数据

贸易开放影响环境的碳排放效应研究/谷祖莎著. —北京：知识产权出版社，2015.12
ISBN 978-7-5130-3948-2

Ⅰ.①贸… Ⅱ.①谷… Ⅲ.①对外贸易—影响—碳循环—研究—中国 Ⅳ.①F752 ②X511

中国版本图书馆 CIP 数据核字（2015）第 305780 号

内容提要

改革开放以来，对外贸易的高速增长极大推动了中国经济的发展。但贸易增长是以国内能源消耗和环境污染为代价的。所以，在气候变化和环境压力日益增大的情况下，研究贸易开放对环境影响的碳排放效应，检验贸易开放对中国碳排放的影响，协调贸易开放与碳排放的关系具有重要意义。本书借鉴 Copeland and Taylor（2003）构建的环境污染供给与需求的一般均衡模型，构建包含国际分工及全球生产网络视角并考虑外商直接投资的碳排放理论模型，运用 1998—2010 年的省际数据，对中国贸易开放对碳排放的整体及区域影响进行验证。同时基于环境投入产出模型，估算 2001—2010 年中国各工业行业的碳排放系数，检验中国对外贸易的碳平衡问题。依据检验结果，对中国实现低碳贸易提出对策建议。

责任编辑：李 瑾　　　　　　　　　　责任出版：孙婷婷

贸易开放影响环境的碳排放效应研究

谷祖莎　著

出版发行：知识产权出版社有限责任公司	网　　址：http://www.ipph.cn
社　　址：北京市海淀区马甸南村 1 号	天猫旗舰店：http://zscqcbs.tmall.com
责编电话：010-82000860 转 8392	责编邮箱：lijin.cn@163.com
发行电话：010-82000860 转 8101/8102	发行传真：010-82000893/82005070/82000270
印　　刷：北京中献拓方科技发展有限公司	经　　销：各大网上书店、新华书店及相关专业书店
开　　本：787mm×1092mm　1/16	印　　张：10.75
版　　次：2015 年 12 月第 1 版	印　　次：2015 年 12 月第 1 次印刷
字　　数：200 千字	定　　价：36.00 元

ISBN 978-7-5130-3948-2

出版权专有　侵权必究
如有印装质量问题，本社负责调换。

序

经济学与管理学均是以资源的经济效益和节约为研究宗旨,在分析研究和解决现实问题时,社会科学的专家学者们通常会选择它们作为理论工具,从而形成了经济学与管理学相互补充、相互借鉴、彼此融合的局面。在国家实施"转方式、调结构、促发展"发展战略和现代服务业快速发展的社会经济背景下,服务经济与管理研究领域迎来了前所未有的发展机遇。

《服务经济与管理文库》的研究成果主要沿着三个层面进行学术研究。

第一,服务经济研究以人力资本等基本生产要素形成的经济结构、增长方式和社会形态。在服务经济时代,人力资本成为经济增长的主要来源,服务经济的增长主要取决于人口数量和教育水平。现代服务经济的发达程度已经成为衡量区域现代化和竞争力的重要标志之一,它是经济发展极具潜力的新的增长点。服务经济作为一种新的经济形式,涵盖了服务业乃至对外服务贸易等广阔的市场经济业态。服务经济越来越得到国家与政府主管部门的高度重视,在国民经济构成中占有极其重要的地位,并且其比重逐渐加大。近些年来,面对国际金融危机、国外需求大幅减弱的外部经济环境,国家正在大力推进经济结构战略性调整,加快发展现代服务业。只有生产要素和人口聚集到相当规模,产生对生产性服务和消费性服务强大的市场需求,才足以支撑服务行业的不断专业化、促进服务经济的发展和服务经济结构的形成。因此,大力发展服务经济是我国产业结构调整升级的主要途径。

第二,服务管理研究如何在服务竞争环境中对企业进行管理并取得成功。它包括对服务利润链的分析、服务的交互过程与交互质量、服务质量管理中的信息技术、服务业产品营销与制造业产品营销的比较等。目前,国内外专家学者开始广泛关注服务管理的实践和理论研究。在服务竞争的时代,面临服务竞争的各类企业必须通过了解和管理顾客关系中的服务要素来获得持久的竞争优势,这就迫切需要探索适合于服务特性的新的理论和方法作为服务竞争的指导原则。国内外专家学者在服务利润链的解析、服务的交互过程与交互质量、服务质量管理中的信息技术、服务业产品营销与制造业产品营销的比较等研究方面均有所建树。服务管理涉及企业经营管理、生产作业、组织理论和人力资源管理、质量管理等学科领域的管理活动，更全面、深入地围绕服务管理的理论探讨，还要走很长的路并要付出更艰苦的努力，还要经过大量的实践过程来总结其活动规律，完善系统服务管理学科体系。

第三，服务经济与管理是学科交叉融合的结果，体现了经济发展与理论创新的高度融合。众所周知，经济学是管理学主要的理论基础之一，它为管理学提供研究和分析方法；管理学对于经济学的实际应用起着巨大作用。经济学理论通过管理实践转化为生产力，并为经济学向其他学科领域的拓展起到桥梁作用。基于经济学和管理学内在的互补性和研究领域的相互渗透，经济学与管理学学科融合的趋势越来越明显，由此推动了两个学科的创新与发展。在大力调整经济结构，促进产业结构优化升级，现代服务业快速发展的社会经济发展格局下，服务经济与服务管理的学科融合走在了经济学与管理学学科融合的前列，推动了该领域的理论创新和应用。

在上述背景下，山东大学（威海）商学院研究团队结合学科建设、人才队伍建设等在经济与管理两大领域的优势，着力推动服务经济与管理学科的发展和融合。服务经济与管理领域的研究和学科发展潜力巨大，易于形成创新成果，满足服务社会经济发展需要。近些年来，服务经济与管理学科建设取得了长足的进步和良好的发展成效，尤其表现在劳动经济与人力资源管理、投资理财与风险资产定价、旅游与服务管理等研究领域。因此，通过搭建高层次科研平台，可进一步提升在服务经济与管理领域的研究实力与水平。我们期望通过推出《服务经济与管理文库》，实现与学界同行的切磋和交流，由此推动服务经济与管理领域学术研究的飞跃。

文库编委会
2014 年 3 月

中文摘要

  气候变化对人类生存环境的危害是当今世界所面临的一项巨大挑战之一。煤、石油、天然气等化石燃料燃烧产生的大量二氧化碳是导致全球气候变暖的主要原因。国际能源局（IEA）的数据显示，中国能源消耗所导致的二氧化碳排放量由1979年的14.31亿吨跃升至2010年的72.59亿吨，超越美国成为全球第一大二氧化碳排放国①。随着当前全球气候变暖日益成为世界经济和政治关系中的焦点问题，我国的能源消耗和二氧化碳排放量的不断增长已经引起国际社会的关注，也使我国成为国际气候变化谈判的焦点，如在《联合国气候变化框架公约》（UNFCCC）谈判过程中，美国等发达国家就强烈要求中国等发展中国家承担一定的减排义务，并以此为借口拒绝批准《京都议定书》。在2009年的哥本哈根气候大会上，美国更是提出了以中国承诺减排作为它减排的条件，这使我国面临巨大的国际压力。

  改革开放以来尤其是加入世界贸易组织之后，我国对外贸易迅猛发展，已成为世界第二大贸易国，第一大出口国。2010年进出口贸易总额达29 740亿美元，贸易顺差1 831亿美元。对外贸易的高速增长极大地拉动了我国经济的发展。但由于我国出口、进口产品结构差异较大，出口产品以高能耗、高排放及低附加值的商品居多，进口产品则以低能耗、低排放及高附加值的产品为主，因此我国的贸易增长是以国内能源、资源消耗和环境污染为代价的。随着"中国制造"的产品在世界范围内的广泛流转，其背后隐含着大量的二氧化碳排放。"中国气候威胁论"者一边在指责中国不承担温室气体减排义务，一边却在消费着中国制造的大量廉价商品，所以，在国内外气候变化和环境压力越来越大的情况下，研究贸易开放对环境影响的碳排放②效应及其作用机理；定量检验贸易开放对我国二氧化碳排放的影响；全面有效地协调贸易开放与碳排放的关系，使中国贸易开放与环境保护都能满足可持续发展的必然要求，是本书的研究目的所在。本书借鉴Copeland和Taylor（2003）构建的环境污染供给与需求的一般均衡模型，

---

  ① 数据来自 CO_2 Emissions from Fuel Combustion (2012 Edition)，IEA，Paris。
  ② 本书所提到的碳排放都是指二氧化碳排放。

将其运用到碳排放效应的分析上,并对其进行扩展,构建了包含国际分工及全球生产网络视角并考虑外商直接投资的碳排放理论模型。在此基础上使用我国 1998—2010 年 30 个省(市、区)的数据,采用基于理论模型而建立的动态及静态面板计量模型对全国及东、中、西部地区贸易开放对碳排放的整体影响及区域影响进行验证。同时,为了分析贸易开放所直接导致的碳排放问题,基于环境投入产出模型,估算 2001—2010 年中国各工业行业的二氧化碳排放系数,测算这一时期中国的贸易含碳量,采用净贸易含碳量指标值检验我国对外贸易的碳平衡问题。在此基础上对各工业行业进出口含碳量及我国贸易含碳量的流向进行分析。

本书主要包括以下几方面内容:

(1) 基于环境的外部性和国际贸易的关系,运用局部均衡的分析方法分析贸易开放对环境的影响。本书认为国际贸易不是产生环境问题的根本原因,但国际贸易可能加重环境问题。从静态分析结果看,当不控制环境外部性时,贸易自由化的福利影响是不确定的。但是,如果环境的外部性大部分被适当的环境政策内化,那么贸易自由化和环境作用的结果对福利的影响总的来说就是正的。

(2) 通过借鉴 Copeland 和 Taylor (2003) 构建的环境污染供给与需求的一般均衡模型,将其运用到碳排放效应的分析上,并对其进行扩展,构建一个包含国际分工及全球生产网络视角并考虑外商直接投资的碳排放模型。本书认为贸易开放影响环境的碳排放效应主要通过规模效应、结构效应、全球生产网络效应、技术效应及规制效应等几个渠道实现。

(3) 基于时间序列数据的实证分析表明贸易开放整体上增大了我国的二氧化碳排放。在研究期内,外贸依存度和外资依存度都是导致我国二氧化碳排放量变化的 Granger 原因,基于 VAR 模型的脉冲响应函数分析表明外贸依存度和外资依存度的冲击响应累计值均为正值,外贸依存度的影响力度要远大于外资依存度的影响力度。方差分解分析显示,外贸依存度和外资依存度对二氧化碳排放的方差分解贡献度都是递增的,但外资依存度对碳排放的影响较外贸依存度要小。

(4) 基于全国动态面板数据模型的实证分析表明,人均 GDP 与二氧化碳排放量呈显著的倒 U 形关系,CKC 假说成立;对外贸易规模对二氧化碳排放量具有正的效应,即中国对外贸易规模的扩大对环境的影响是负面的;结构效应增加了中国的二氧化碳排放;由自主研发而引起的技术进步对减少二氧化碳排放起到了显著的抑制作用,而由于 FDI 的技术溢出效应使 FDI 的流入在一定程度上减轻了我国二氧化碳排放的压力;政府管制措施却未达到预期有效的目的;全球生产网络效应虽然为正但不显著,说明我国虽然目前在全球生产网络中仍然处于价值链的低端,主要依靠低廉的劳动、土地及能源等生产要素,产品附加值低,对能源的消耗量较大,但和其他影响因素相比全球生产网络的碳排放效应并不显著。

基于区域静态面板数据模型的分析表明,人均 GDP 与碳排放曲线呈不同形状。东部和中部地区人均 GDP 与二氧化碳排放量曲线呈显著的倒 U 形,CKC 假说成立,但西部地区的碳排放曲线呈现正 U 形,CKC 假说不成立;区域规模效应、结构效应、政府管制与碳排放的相关性及全球生产网络的碳排放效应不同,但各区域研发水平与外商直接投资对碳排放的影响相同。

(5) 基于环境投入产出模型的中国各工业行业贸易含碳量分析表明,研究期内,中国出口含碳量年均增长了 7.92%,出口含碳量在各工业部门碳排放总量中的比重大多数年份都在 10% 以上;而进口含碳量在各工业部门碳排放总量中的比重由 2001 年的 5.07% 下降为 2010 年的 1.99%;中国的净贸易含碳量一直保持顺差状态。净贸易含碳量最高的是化学工业、纺织服装鞋帽皮革羽绒及其制品业和通信设备、计算机及其他电子设备制造业等行业。影响中国净贸易含碳量变化的原因是进出口贸易规模及碳排放系数;2001—2010 年,中国对十大贸易伙伴出口贸易含碳量从 23 223.87 万吨增加到 41 065.07 万吨。这期间,美国是中国出口货物含碳量的最大接收者,10 年间中国对美国的工业出口贸易含碳量总计为 78 550.48 万吨,中国对欧盟的工业出口贸易含碳量总和虽不及美国,但 2007 年欧盟已超过美国,成为中国出口货物含碳量的最大接收者。其他比较重要的接收者还有中国香港、东盟、日本。中国从十大贸易伙伴进口贸易含碳量则从 2001 年的 7 653.57 万吨减少到 2010 年的 6 697.40 万吨,2001—2007 年,由于日本一直是中国进口货物的主要来源地,中国从日本进口货物含碳量也一直位居第一。2008 年以后,虽然日本仍然是中国进口货物的主要来源地,但中国从欧盟进口货物的含碳量却超过了从日本进口货物的含碳量,中国从东盟、韩国、美国和中国台湾进口货物的含碳量在总进口含碳量中所占比重多数年份都在 7% 以上。

最后,根据前文理论分析和实证分析的结果,对中国协调贸易开放与碳排放的关系,实现低碳贸易,提出了相应的对策建议。

ABSTRACT

The damage of the climate change to living environment of mankind is one of the grand challenges that human are confronted with. The carbon dioxide generated by burning fossil fuel such as coal, petroleum and natural gas is the primary reason causing the global warming. The statistics from International Energy Agency (IEA) showed that in China, carbon dioxide emissions increased rapidly from 1.431 billion tons in 1979 to 7.259 billion tons in 2010. China has now become the largest CO_2-emitting nation in the world. With the global warming becoming a highlight in the world's economy and political relation, China's increasing energy consumption and CO_2 emissions have aroused extensive attention from the world. China has become the focus in negotiation on international climate. For example, during the negotiation of the United Nations Framework Convention on Climate Change (UNFCCC), America and other developed countries claimed strongly that China and other developing countries should shoulder part of responsibilities of carbon emission reduction, which also became their excuse of refusing the approval of the "Kyoto Protocol". At the Copenhagen Climate Conference held in 2009, America even proposed that the prerequisite of its carbon emission reduction was China's promise of putting the carbon emission reduction into practice, which made China facing with great international pressure.

Since reform and opening policy, especially after China's entry into the WTO, China has now become the largest exporting country and the second largest trading country in the world. In 2010, its total import and export value reached USD 2 972.76 billion, and trade surplus USD 183.1 billion. The rapid growth of foreign trade greatly boost China's economic development. China's export products are mainly high energy consumption, high emissions and low value-added goods, while import products are mostly low energy consumption, low emissions and high added-value products. Due to the great difference between the structure of import and export products, China's trade growth is at the cost of consumption of energy, resources and environmental pollution. The widely occupation of "made in China" products in the world market implies large quantities of CO_2 emissions. On one hand, "China climate threat theory" holders accuse China of not bearing the obligations of greenhouse gas emission reduction; on the other hand, they consume plenty of cheap products which are made in China. Therefore, with the climate change and environmental pressure both at home and abroad getting increasingly severe, this paper conducted study on carbon emission effect of China's foreign trade impacting the environment and its mechanism, quantitative examination of impact of trade openness on China's CO_2 emissions, coordination of the relation between trade openness and carbon emissions, with the purpose of facilitating sustainable development of both China's trade openness and environment.

This paper adopt Copeland and Taylor's general equilibrium model of supply-demand of environmental pollution (2003) to analyze effect of carbon emissions. The author then developed theoretical model of carbon emissions from the perspectives of international division of labor, global production network and foreign direct investment. With the data from 30 provinces (city, area) during 1998—2010, this paper applied dynamic and static panel data models to examine overall and regional effects of trade openness in nationwide, eastern, middle and western China on carbon emissions. Meanwhile, in order to analyze the carbon emission problems caused directly by trade openness, this paper conducted the following studies: to estimate CO_2 factors of China's industries during 2001—2010 on basis of environmental input-output model; to measure the carbon content of Chinese trade in this period; adopting the carbon content index of net trade to test the carbon balance of China's foreign trade. Afterwards, this paper analyzed the import and export carbon content of industries and the flow of China's trade carbon content.

This paper includes the following points:

(1) According to the relationship between environmental externality and international trade, applying the partial equilibrium method to analyze the impact of trade openness on the environment. This paper argues that international trade though is not the fundamental cause of environmental problems, but may worsen them. From the results of static analysis, the writer could conclude that if the externality of environment is not controlled, the welfare effect of trade liberalization will be uncertain. However, if most of the externality of the environment is internalized by appropriate environmental policies, the impacts of trade liberalization and environment on the welfare will be positive in general.

(2) By applying the general equilibrium model of supply-demand of environmental pollution established by Copeland and Taylor (2003) to the analysis on effect of carbon emission. Then to develop theoretical model of carbon emissions from the perspectives of international division of labor, global production network and foreign direct investment. This analysis shows that the effect of trade openness on carbon emissions can be realized through scale effect, structure effect, global production network effect, technique effect and regulation effect, etc.

(3) The empirical analysis based on time series suggests that trade openness increases China's overall CO_2 emissions. During the study period, the degrees of foreign trade dependence and foreign capital dependence are the Granger reason that caused changes of CO_2 emissions in China. The impulse response function analysis based on the VAR model shows that the shock response accumulative values of foreign trade dependence and foreign capital dependence are both positive, with foreign trade dependence having far greater influence than foreign capital dependence. Variance decomposition analysis shows that, the variance decomposition contributions of foreign trade dependence and foreign capital dependence on CO_2 emissions are both incremental, with FDI having less impact on carbon emissions than foreign trade.

(4) The empirical analysis based on data model of national dynamic

panel demonstrates that the relationship between per capita GDP and CO_2 emissions is an inverted U-shape, therefore the CKC hypothesis is valid. The scale of foreign trade has positive effect on CO_2 emissions, i.e. the expansion of China's foreign trade having a negative impact on environment. Structure effect has increased China's CO_2 emissions. The technological development caused by independent R&D has a significant control on the reduction of CO_2 emissions. Because of FDI's technology spillover effect, the increase of FDI has reduced partly China's stress on CO_2 emissions. Government regulations did not achieve the expected purposes. The global product network effect is positive but not obvious, which means that since China is still at the end of the value chain in the global product network, having the characteristics with cheap labor, land and sources, low value-added products, and great consumption of energy, so when comparing with other factors, carbon emission effect of the global product network is not obvious.

The analysis based on regional static panel data model could illustrate that the per capita GDP curve and carbon emission curve show different shapes. In eastern and middle China, the relationship between per capita GDP and CO_2 is an inverted U-shape, therefore CKC hypothesis is valid. In western China, however, the curve is U-shaped, so CKC hypothesis is invalid. The correlations between carbon emissions and regional scale effect, or structure effect, or government regulations are different from the carbon emission effect of the global product network, but the R&D in different areas and the FDI have the same effect on carbon emissions.

(5) The analysis based on the environmental input-output model of trade of Chinese industries shows that during the study years, the average annual increase of China's export carbon content is 7.92%. The proportion of export carbon content in carbon emissions of industrial sectors as a whole is 10% in most years. The proportion of import carbon content in the overall industrial sectors decreased from 5.07% in 2001 to 1.99% in 2010. The carbon content of China's net trade has been keeping in surplus state. The industries with the highest net trade carbon content are chemi-

cal industry, textiles, clothing, footwear, leather, down and its products and communication equipment, computers and other electronic equipment manufacturing, etc. The causes of change of China's net trade carbon content are scales of import and export trade and carbon emission factors. During 2001—2010, the export trade carbon content of China's ten largest trading partners increased from 232. 238 7 million tons to 410. 650 7 million tons. During this period, the United States was the biggest recipient of China's export goods carbon content, with the industrial export carbon content amounting to 785. 504 8 million tons in ten years. China's total industrial export carbon content to the EU was once less than that to the United States. But in 2007, the EU surpassed America and became the biggest recipient of China's carbon content. Other important recipients were Hong Kong, ASEAN and Japan. Import trade carbon content of China's ten largest trading partners decreased from 76. 535 7 million tons to 66. 974 0 million tons. During 2001—2007, Japan was the main source of China's import goods, China's import product carbon content from Japan took the first place. After 2008, China's import goods carbon content from the EU exceeded that from Japan, and China's import goods carbon content from ASEAN, South Korea, the United States and Taiwan accounted more than 7% of the total in most years.

  Finally, according to the above theoretical analyses and empirical analyses, this paper put forward corresponding countermeasures about methods to coordinate the relation between China's trade openness and carbon emissions with the purpose of implementing low-carbon trade.

目 录

序 ·· 1
中文摘要 ··· I
ABSTRACT ·· IV
第1章 导论 ·· 1
  1.1 研究背景及意义 ·· 1
  1.2 研究思路 ··· 5
    1.2.1 理论研究思路 ··· 5
    1.2.2 实证研究思路 ··· 6
  1.3 研究框架 ··· 6
  1.4 研究方法与创新之处 ·· 8
    1.4.1 研究方法 ·· 8
    1.4.2 创新之处 ·· 11
  1.5 存在的不足 ·· 12
第2章 贸易与环境领域研究状况 ··· 13
  2.1 主要计量指标 ··· 13
  2.2 数据的选取和规范化处理 ··· 14
  2.3 实证分析与讨论 ··· 15
    2.3.1 共被引矩阵 ·· 15
    2.3.2 聚类分析 ·· 15
    2.3.3 战略坐标分析 ··· 16
  2.4 贸易的碳排放效应研究现状 ·· 19
    2.4.1 贸易开放与二氧化碳排放的关系 ··· 19
    2.4.2 贸易含碳量研究 ··· 22
    2.4.3 二氧化碳排放责任的分担机制 ·· 24
    2.4.4 有关中国贸易的碳排放效应的研究评述 ······························· 26
第3章 贸易开放对环境影响的理论分析 ··· 28
  3.1 环境外部性与国际贸易 ·· 28
    3.1.1 生态环境的外部性 ·· 28

3.1.2　环境外部性与国际贸易 …………………………………… 30
　3.2　考虑环境因素的贸易福利分析 ……………………………………… 32
　3.3　贸易开放碳排放效应理论模型 ……………………………………… 36
　　3.3.1　基本设定 ……………………………………………………… 36
　　3.3.2　成本最小化决策 ……………………………………………… 37
　　3.3.3　碳排放的决定 ………………………………………………… 38
　3.4　环境库兹涅茨曲线 …………………………………………………… 42
　　3.4.1　贸易是经济增长的引擎之一 ………………………………… 42
　　3.4.2　环境库兹涅茨曲线的理论解释 ……………………………… 43

第4章　我国贸易开放与碳排放的关系 …………………………………… 52
　4.1　我国贸易开放与碳排放的描述性分析 ……………………………… 52
　　4.1.1　我国贸易开放的现状 ………………………………………… 52
　　4.1.2　我国二氧化碳排放现状分析 ………………………………… 56
　4.2　我国贸易开放与碳排放的内在依存关系 …………………………… 57
　　4.2.1　变量选择与数据来源 ………………………………………… 57
　　4.2.2　单位根检验和协整分析 ……………………………………… 58
　　4.2.3　Granger 因果关系检验 ……………………………………… 61
　　4.2.4　基于VAR模型的动态分析 ………………………………… 62
　4.3　结论 …………………………………………………………………… 66

第5章　基于省际动态面板数据的贸易开放的碳排放效应分析 ………… 68
　5.1　东、中、西三大区域对外贸易与碳排放比较 ……………………… 68
　　5.1.1　对外贸易的区域差异 ………………………………………… 68
　　5.1.2　二氧化碳排放的地区特征 …………………………………… 70
　5.2　模型设定与数据说明 ………………………………………………… 72
　　5.2.1　模型设定 ……………………………………………………… 72
　　5.2.2　数据说明 ……………………………………………………… 73
　5.3　实证分析 ……………………………………………………………… 74
　　5.3.1　数据的描述性统计 …………………………………………… 74
　　5.3.2　面板数据的单位根检验 ……………………………………… 76
　　5.3.3　面板数据的协整检验 ………………………………………… 76
　　5.3.4　实证模型的估计 ……………………………………………… 77

5.4 结论 ··· 87

第6章 基于投入产出模型的工业行业贸易开放的碳排放效应 ········· 88
  6.1 模型及数据来源 ·· 89
    6.1.1 环境投入产出模型 ·· 89
    6.1.2 数据来源及处理说明 ·· 92
  6.2 实证结果与分析 ·· 94
    6.2.1 工业各部门碳排放系数分析 ·································· 94
    6.2.2 总贸易含碳量分析 ·· 97
    6.2.3 贸易含碳量的行业分析 ······································ 102
    6.2.4 我国贸易含碳量的主要流向 ································ 109
  6.3 结论 ·· 115

第7章 研究结论与建议 ·· 117
  7.1 结论 ·· 117
  7.2 政策建议 ·· 119

附录 ··· 126

参考文献 ··· 146
  英文文献 ··· 146
  中文文献 ··· 150

后记 ··· 154

第1章 导 论

1.1 研究背景及意义

任何经济活动和自然环境都是互相关联的,几乎每一项经济活动都或多或少地会对自然环境产生某种程度的影响,作为一项重要经济活动的国际贸易也不能例外。自 20 世纪 90 年代以来,经济全球化的浪潮极大地推动了国际贸易的快速增长,与国际贸易的快速增长相伴随的除了经济的高速增长以外还有生态环境的不断恶化:气候变暖、能源危机、环境公害等,特别是全球气候变暖对人类生存环境的危害已成为当今世界面临的最严峻的挑战之一。这种状况从实质上来说,是具有一定的内在稳定机制的生态环境对资源供给的有限性和具有一定内在扩大机制的贸易活动对自然资源的无限需求之间的必然矛盾。由于环境污染具有的外部性特征,加上环境资源产权的难以界定,"市场失灵"和"政府失灵"就在所难免。因此如何处理好贸易发展与环境资源保护之间的关系,使二者能够保持协调发展,就成为学术界研究的重点。

国际能源机构(IEA)统计结果显示,中国 2007 年的二氧化碳(CO_2)排放量达到 60.72 亿吨,成为世界第一大二氧化碳排放国,占世界总排放量的 20%左右。由于全球气候变暖对人类生存环境的危害是当今世界所面临的最严峻的挑战之一,而燃烧化石能源带来的二氧化碳排放是导致全球气候变暖的主要原因。为此,《联合国气候变化框架公约》(UNFCCC)在 1992 年 6 月确定了"稳定温室气体浓度的长远目标及人类应对气候变化的基本原则",之后陆续制定了《京都议定书》《巴厘行动路线图》《哥本哈根协议》等国际协定来限制二氧化碳的排放量,以此来达到减缓全球气候变暖进程的目的。所以在全球范围内实施二氧化碳减排已渐成为共识。[①] 随着目前全球气候变暖日益成为世界政治和经济领域中的敏感问题,我国的能源消耗和二氧化碳排放量的日益增长已经引起了国际社会的广泛关注,也

---

① 因为二氧化碳排放是全球气候变暖的主要源泉,占到温室气体的近 80%。

使我国成了国际气候变化谈判中各方关注的焦点,如在《联合国气候变化框架公约》的谈判过程中,美国等发达国家就强烈地要求中国等发展中国家承诺一定的减排责任,且以此为理由拒绝批准《京都议定书》。在2009年的哥本哈根气候大会上,以美国为首的一些发达国家以《京都议定书》中已经明确规定了发达国家承担减排的责任为理由,向中国等发展中国家全方位地施加各种压力,特别是美国竟然提出了以中国承诺减排责任作为其减排的前提条件,这使得我国不得不面对前所未有的巨大国际压力。当然,作为联合国的常任理事国和世界上最大的发展中国家,我国应当适应世界的发展趋势,承担起一个大国应当承担的责任,采取各种可能的措施减少二氧化碳的排放量,加强发展低碳经济,以协助国际社会解决迫切需要缓解的第二代环境问题[①]。我国政府也已经针对发展低碳经济表明态度,在2009年9月召开的联合国气候变化峰会上,胡锦涛主席明确提出中国要"积极发展绿色经济,大力发展低碳经济与循环经济,研究开发与推广使用气候友好型技术。" 2009年12月在哥本哈根气候会议召开前夕,中国政府首次提出了具体的二氧化碳减排目标,即到2020年,单位GDP二氧化碳排放应比2005年下降40%~45%,并作为约束性指标纳入国民经济和社会发展中长期规划。十八大报告中也明确提出,"面对资源约束趋紧、环境污染严重、生态系统退化的严峻形势,必须树立尊重自然、顺应自然、保护自然的生态文明理念,把生态文明建设放在突出地位,融入经济建设、政治建设、文化建设、社会建设的各方面和全过程,努力建设美丽中国,实现中华民族永续发展。"

改革开放以来,特别是加入世界贸易组织之后,随着贸易的开放,我国的对外贸易迅猛发展,已成为世界第二大贸易国,第一大出口国。2010年进出口贸易总额达29 740亿美元,贸易顺差1 831亿美元。[②] 对外经贸的高速增长极大地推动了我国经济的发展。但是,由于我国出口贸易及进口贸易的产品结构差异较大,出口产品以高能耗、高排放及低附加值的商品居多,进口产品则以低能耗、低排放及高附加值的产品为主,因此,我国的贸易增长是以国内能源、资源消耗和环境污染为代价的(见表1-1,图1-1)。

[①] 根据影响程度不同,可将世界环境问题分为第一代环境问题和第二代环境问题。其中,第一代环境问题是发生在局部地区的生态环境破坏,而第二代环境问题其影响范围涉及更广的范围,甚至是全球。由此可见,温室气体的问题便是第二代环境问题。

[②] 如无特殊说明,本书所涉及的我国对外贸易及其统计数据,均不含港、澳、台地区。

表 1-1　1981—2010 年我国国内生产总值、进出口总额与碳排放量情况

年份	国内生产总值（亿美元）	进出口总额（亿美元）	能源消费量（万吨标准煤）	二氧化碳排放量（万吨）
1981	2 869	440	59 447	140 705
1990	3 902	1 154	98 703	204 409
1995	7 280	2 809	131 176	302 206
2000	11 985	4 743	145 531	307 716
2001	13 248	5 097	150 406	312 424
2002	14 538	6 208	159 431	334 782
2003	16 410	8 510	183 792	386 979
2004	19 316	11 546	213 456	459 278
2005	22 365	14 219	235 997	510 311
2006	26 583	17 604	258 676	564 467
2007	32 816	21 737	280 508	607 177
2008	45 219	25 633	291 448	654 903
2009	49 847	22 075	306 647	684 634
2010	59 570	29 740	324 939	725 853

数据来源：CO_2 Emissions from Fuel Combustion（2012 Edition），IEA，Paris；历年《中国统计年鉴》。

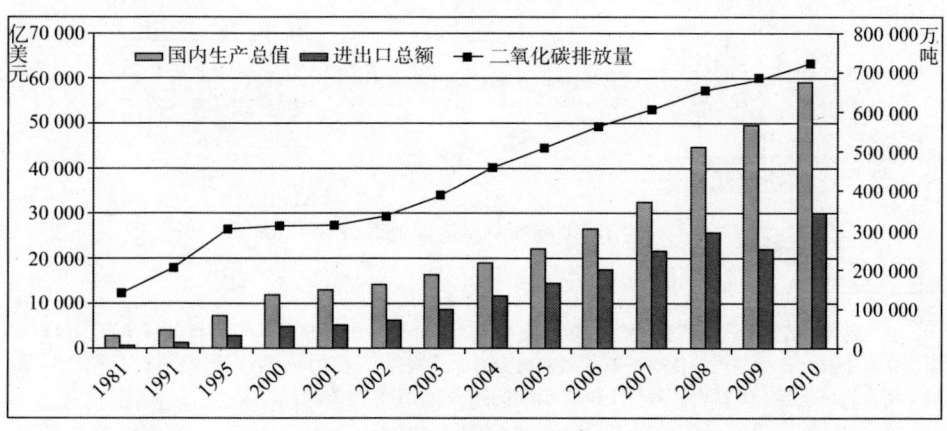

图 1-1　1981—2010 年我国对外贸易及二氧化碳排放的增长情况

数据来源：CO_2 Emissions from Fuel Combustion（2012 Edition），IEA，Paris；历年《中国统计年鉴》。

《京都议定书》没有对发展中国家规定明确的减排目标，但是对附件Ⅰ国家（主要是发达国家，也包括经济转型国家）[①]却规定了明确的、具有法律约束力的二氧化碳减排目标，因为《京都议定书》现有的对各国二氧化碳排放量的测算主要是以一国境内生产过程中的二氧化碳排放量作为依据[②]，这种测算方法表明附件Ⅰ国家可以通过利用从发展中国家进口大量高能耗的碳密集型产品来实现本国二氧化碳减排的目标，而不必耗费精力来提高本国的能源利用效率及改变本国的消费模式（见图1-2）。从全球货物贸易增长的趋势来看，发达国家进口的增长速度远远大于其出口的增长速度，而中国是发达国家进口增长的主要来源地之一。现有相关文献表明，发达国家的经济增长和能源使用之间逐渐增加的缺口，一方面是因为它们的能源资源利用等级水平的提高及技术进步和结构的变化作用；另一方面，还有一个重要的因素是贸易开放的作用。国际贸易正显现出一种不断分化的趋势，即发展中国家生产及出口更多的低附加价值的高能耗的碳密集型产品，而发达国家则朝向具有更高附加价值的清洁产业发展。也可能有人

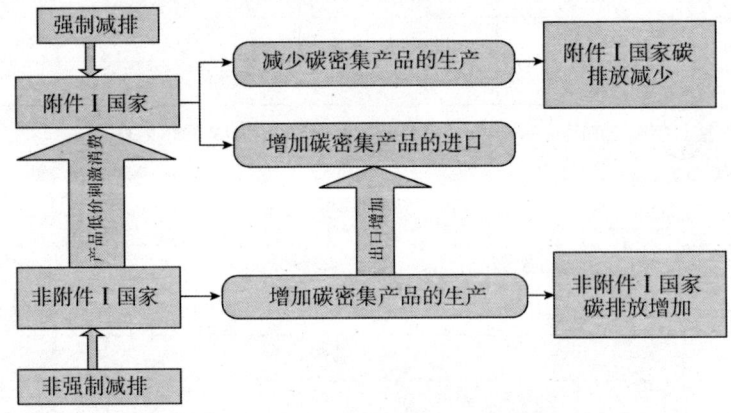

图1-2　国际贸易的碳泄漏流程

---

① 附件Ⅰ国家有：所有的OECD国家（不包括墨西哥、土耳其和韩国）和白俄罗斯、保加利亚、克罗地亚、爱沙尼亚、拉脱维亚、列支敦士登、立陶宛、摩纳哥、罗马尼亚、俄罗斯联邦、斯洛文尼亚、乌克兰。并非所有附件Ⅰ国家都核准或同意议定书的条款。

② 如今不少学者（Ahmad 和 Wyckoff, 2003; Peters 和 Hertwich, 2008; Pan 和 Philips, 2008）提议以国内消费为基础重新测算现行各国的碳排放量。在以国内生产为基础的测算体制下，一国碳排放量是指一个国家或地区的所有常住单位在一定时期内（通常为一年）生产和提供最终产品和劳务时所排放的碳总量，其生产活动范围的界定借鉴了联合国关于GDP的定义，即，生产＝所有常住单位的生产活动。而在以国内消费为基础的测算体制下，一国碳排放量是在国内生产基础上对进出口贸易的碳排放量进行调整，即，消费＝生产－出口＋进口。

以为这种不断分化的趋势是世界发展的正常结果，因为发达国家较高的经济发展水平使它们的社会基础设施和物质需要都已经在很大程度上得到满足，而发展中国家则不然。但实际上，发展中国家的大量出口可能一直在支撑着发达国家对于高能耗碳密集型商品的消费需求。发展中国家以高能耗的碳密集型商品为主的出口商品结构，表明它们正在通过贸易方式向发达国家出口大量的隐含能源。

"在经济全球化的背景下，国际产业分工不断细化，一个国家生产的产品要被多国去消费，而一个国家又要去消费多个国家生产的产品。因此生产及出口高能耗、高排放产品的国家，要负责本该在进口国排放的二氧化碳，而进口消费这些产品的国家，在他们的二氧化碳排放总量的核算中，却没有考虑这部分产品的排放量。"[1] 长久以来，我国保持着以量取胜的、粗放型的对外贸易增长模式，这种对外贸易增长模式使得贸易开放对我国二氧化碳排放产生了较大影响。因此，对外贸易虽然带动了中国的经济增长，却加剧了中国的能源消耗和生态环境保护压力。我们不能忽视的是，随着中国制造的大量的物美价廉产品在国际范围内的广泛流通，其背后却隐含着大量的二氧化碳排放。"中国气候威胁论"[2]者一方面在指责中国不承担任何的二氧化碳减排责任，另一方面却在尽情享受着中国制造的大量廉价商品，因此，在国内外气候变化和环境压力日益增大的背景下，研究贸易开放对环境影响的碳排放效应及其作用机理，定量检验贸易开放对我国二氧化碳排放的影响，全面有效地协调贸易开放与碳排放的关系，使中国贸易开放与环境保护都能满足可持续发展的必然要求，是本书的研究意义之所在。

1.2 研究思路

1.2.1 理论研究思路

首先，基于环境的外部性和国际贸易的关系，运用局部均衡的分析方法分析贸易开放对环境及社会福利的影响；其次，通过借鉴科普兰和泰勒（Copeland 和 Taylor，2003）构建的环境污染供给与需求的一般均衡模型，

---

[1] 2007年6月《中国应对气候变化国家方案》的新闻发布会上，国家发改委主任马凯的观点。

[2] 所谓"中国气候威胁论"，实质上是"中国环境威胁论"的衍生，早在1994年，美国世界观察研究所所长莱斯特·布朗在美国的《世界观察》杂志上发表了"谁来养活中国——来自一个小行星的醒世报告"，在该报告中他曾明确指出"（中国）大量燃烧煤使空气污染和酸雨日益严重，其结果不仅使中国减少了粮食产量，降低了森林的生产率，而且其危害已波及了日本和韩国"。

将其运用到碳排放效应的分析上,并对其进行扩展,引入全球生产网络效应与外商直接投资,在此基础上构建一个包含国际分工及全球生产网络视角的并考虑外商直接投资的碳排放模型;最后,对反映经济增长与环境污染之间关系的环境库兹涅茨曲线(Environment Kuznets Curve, EKC)进行理论解释,因为经济增长在贸易与碳排放之间起着核心作用。

1.2.2 实证研究思路

在理论研究的基础上,首先,运用1981—2010年的时间序列数据对我国贸易开放与碳排放两者的关系进行分析;其次,从全国的角度,利用动态面板数据模型对贸易开放影响环境的碳排放效应进行验证,从东、中、西三大区域的角度,利用静态面板数据模型对贸易开放影响环境的碳排放效应的区域差异进行比较分析;最后,基于环境投入产出模型,分析2001—2010年中国各工业行业的二氧化碳排放系数,测算这一时期各行业的进出口含碳量,并采用净贸易含碳量指标值检验我国对外贸易的碳平衡问题。

1.3 研究框架

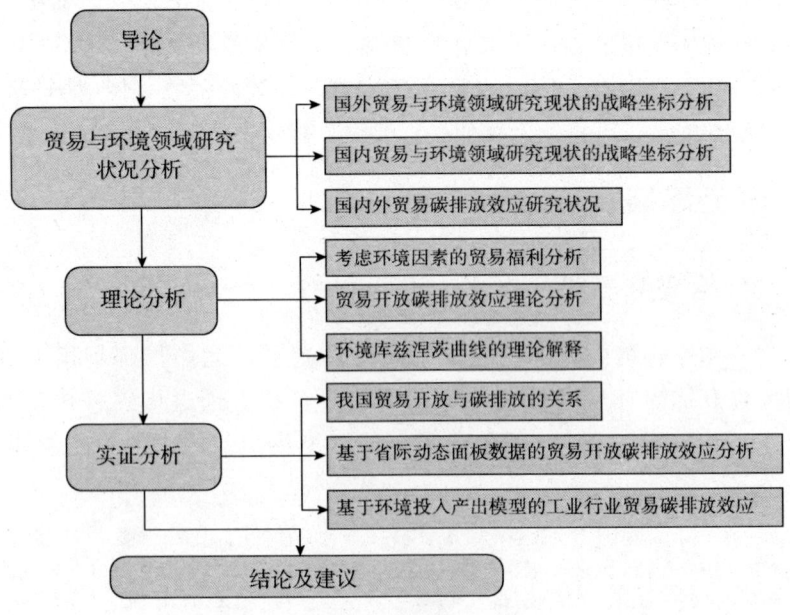

图 1-3 本书的结构框架

本书共包括 7 章。

第 1 章，导论。论述了本书的研究背景与研究意义，提出了本书的研究思路及研究框架，介绍了本书的研究方法、主要创新之处和存在的不足。

第 2 章，为了更清晰地了解贸易与环境问题的国外及国内研究现状，运用文献计量学和科学计量学的诸分析方法，以 Web of Science 数据库及中文社会科学引文索引（CSSCI）数据库中的刊发论文为研究对象，来直观展示贸易与环境问题的国外及国内研究现状、热点和知识结构。

第 3 章，基于环境的外部性和国际贸易的关系，运用局部均衡的分析方法分析贸易开放对环境及社会福利的影响；通过借鉴科普兰和泰勒（Copeland 和 Taylor，2003）构建的环境污染供给与需求的一般均衡模型，将其运用到碳排放效应的分析上，并对其进行扩展，引入全球生产网络效应与外商直接投资，在此基础上构建一个包含国际分工及全球生产网络视角的并考虑外商直接投资的碳排放模型；最后，对表达经济增长与生态环境污染之间关系的环境库兹涅茨曲线（Environment Kuznets Curve，EKC）进行理论上的解释，因为经济增长在贸易开放与二氧化碳排放之间起着核心作用。

第 4 章，运用我国 1981—2010 年的贸易开放与二氧化碳排放量的数据分析贸易开放与二氧化碳排放两者之间的关系。主要目的在于：采用现代计量经济学中的协整检验、Granger 因果检验、基于 VAR 模型的脉冲响应函数分析与方差分解分析等技术，检验贸易开放指标变量与二氧化碳排放之间的长期均衡关系及动态均衡关系。

第 5 章，利用我国 1998—2010 年 30 个省（市、区）的数据，采用动态及静态面板模型对全国及东、中、西部地区贸易开放的碳排放效应进行验证，对三大区域贸易开放的碳排放效应的差异进行比较研究。这部分研究侧重于分析贸易开放对我国碳排放的整体影响及区域影响。

第 6 章，基于环境投入产出模型，估算 2001—2010 年中国各工业行业的二氧化碳排放系数，测算这一时期中国的贸易含碳量，采用净贸易含碳量指标值检验我国对外贸易的碳平衡问题。在此基础上对各工业行业进出口含碳量及我国贸易含碳量的流向进行分析。

第 7 章，对本书研究的主要结论进行总结并提出相应的政策建议。

1.4 研究方法与创新之处

1.4.1 研究方法

1. 本书运用文献计量学诸方法，即文献共被引、聚类分析和战略坐标分析等方法对贸易与环境领域的研究现状进行分析，可以说是文献计量学的各种分析方法在"贸易与环境问题"这一研究领域的一种新的尝试。

（1）文献共被引分析法。引文分析是文献计量学的一个重要构成部分，它是利用各种统计学及数学的方法及归纳、比较、概括、抽象等逻辑方法，对各种分析对象的被引用或引用状况进行研究分析，以展现其内在规律和数量特征，达到评价及预测其科学发展趋势的目的。它包括文献共被引、作者共被引和期刊共被引等各种分析方法，本书采用的是文献共被引分析法。文献共被引分析是指当两篇文献共同被后来的一篇或多篇论文所引用时，这两篇文献就构成共被引关系，或称同被引关系。两篇文献的共被引频次越高，就表明这两篇文献之间关系越密切，也就意味着这两文献的学科背景越类似。

（2）聚类分析法。聚类分析法是数据挖掘中的一种很活跃的文献计量和可视化的方法，依据知识单元（可以是文献、关键词、作者、机构等）之间的共现强度，把一些共现强度较大的知识单元聚集在一起形成一个个聚类。划分聚类的算法有很多，如层次聚类、非层次聚类、K均值聚类、智能聚类等。但因传统的聚类算法是将知识单元间距离最短的知识单元聚集在一起的，存在没有中心概念、聚在一起的知识单元未必能表达同一内容、聚类间的相互关系无法体现等局限性，本书在聚类算法的使用上，借鉴卡龙（Callon）构建子簇的方法，即在构建的一个子簇中最多只有10个知识单元，将共现矩阵中余弦指数最高（共现强度最大）的一对知识单元作为该聚类的主题，来反映该聚类的研究内容或研究方向。

（3）战略坐标分析法。战略坐标图是由卡龙（Callon）提出的。根据被引文献的共现关系，按照一定的原则将被引文献分为若干聚类，每个聚类代表一个研究主题，然后引入密度和中心度指标来测量每个聚类的特性。战略坐标是一个二维的平面图，是根据各聚类的密度和中心度的离均差绘制的，用来展示研究主题的地位。横坐标轴代表的是中心度，纵轴坐标代表的是密度，坐标轴原点由所有的聚类的中心度和密度的均值来确定。在平面上分出四个象限（见图1-4）。

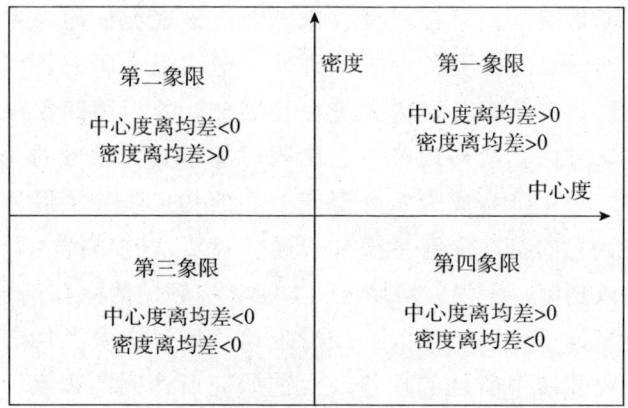

图1-4 战略坐标示意图

位于第一象限的聚类具有较高的密度和中心度。密度值较高表明聚类的内部具有较强的内部连接，该主题领域得到了很高程度的研究；中心度值较高说明这个聚类与其他聚类具有较强的连通性，该主题在整个研究网络中处于研究中心位置。因此该聚类被称为主要的且成熟的，处于第一象限的聚类所对应的研究主题领域在整个研究领域中居于核心位置，它们在较长时间内受到了研究者的青睐，获得较多的研究。

位于第二象限的聚类具有较高的密度和较低的中心度。较高的密度值表明该聚类已经得到了很好的研究，曾经是研究中心的主题领域，但较低的中心度值表明已经不是中心，已经逐渐被边缘化和外围化，对其的研究兴趣越来越少，因此被称为外围的且成熟的。处于第二象限的聚类对应的研究主题虽然自身获得了比较充分的研究，可能原来居于核心位置，有一定的关注，但与其他主题联系较弱，处于整个研究领域的边缘或外围。

位于第三象限的聚类具有较低的密度和中心度值。表明聚类对应的主题研究处于整个研究网络的最边缘地带，因此被称为外围的且不成熟的，这些研究主题没有获得充分的研究，也没有引起研究人员的关注，这类主题存在两种发展趋势：一种可能是获得充分的研究进入第二象限，继而进入第一象限成为核心主题，或者与其他主题的联系越来越紧密，进入第四象限，继而进入第一象限成为核心研究主题；另一种可能就是研究的关注越来越少，与其他研究的主题的联系越来越不紧密，最后这一主题的研究从整个研究网络中消失。

位于第四象限的聚类具有较高的中心度和较低的密度。较高的中心度值表明该聚类虽然与其他聚类具有较高的连通性,但是较低的密度表明其内部的连接性不是很强,聚合程度较低。因此该聚类被称为主要的且未开发的,处于第四象限的聚类所对应的研究主题在整个研究领域中与其他研究主题联系密切,但获得的研究不充分,因此,处于第四象限的聚类对应的研究主题应该考虑其战略地位,它们既可能是其他领域的研究对象,也可能是正在兴起的、将会成为未来研究中心的热点领域。但还没有显著成为研究的对象,它们正在变得重要和成熟。只要这些研究主题获得充分的研究,就会进入到第一象限,从而成为整个研究领域的核心。

通过战略坐标示意图,可以比较清晰地看到每个聚类代表的研究主题在整个科学研究领域中所处的地位及目前研究所达到的程度。在战略坐标示意图中处于同一个象限的,表明在科学研究中的核心位置和开发程度相似。在战略坐标示意图中非常靠近的两个聚类,只是代表它们的密度和中心度的值非常接近,并不代表它们连接非常紧密。

2. 本书在科普兰和泰勒(Copeland 和 Taylor, 2003)构建的环境污染供给与需求的一般均衡模型的基础上,引入全球生产网络效应与外商直接投资,建立了理论与实证模型相一致的分析框架来分析贸易开放影响环境的碳排放效应。

3. 采用动态面板数据模型从全国的角度分析贸易开放对碳排放的影响;采用静态面板数据模型,对中国贸易开放的碳排放效应进行区域比较研究。因为考虑到任何经济因素的变化本身都拥有一定惯性,因此前一期的二氧化碳排放量结果可能会对后一期产生一定的影响,因此建立贸易开放碳排放效应的动态计量模型。由于动态计量模型的解释变量中出现了被解释变量的滞后一期,从而导致了解释变量与随机扰动项相关,即解释变量具有内生性。所以如果利用随机效应或者固定效应进行模型的估计,必然导致参数估计的非一致性,进而导致基于参数估计结果所产生的经济含义必然是扭曲的。为解决这一问题,Arellano 和 Bond(1991)、Arellano 和 Bover(1995)以及 Blundell(1998)提出了广义矩估计法(GMM)。由于系统广义矩估计(System GMM,SYSGMM)相对差分广义矩估计(Different GMM,DIFGMM)来说有着更好的有限样本特征,且估计结果更加有效。因此对于全国面板数据我们将主要采用 SYSGMM 方法进行估计。由于 SYSGMM 方法的估计结果在小样本下是无效的,只有在大样本下才是渐近有效的,所以本书将从东、中、西三大区域的角度,利用静态面板数据模型对贸易开放影响环境的碳排放效应的区域差异进行比较分析。

4. 本书利用环境投入产出模型对我国各工业行业的进出口贸易含碳量及我国贸易含碳量的流向进行分析。投入产出模型是基于投入产出（Input-output，IO）数据，追溯贸易品生产过程中消耗的所有中间产品，计算所有这些产品的二氧化碳排放量，将其作为该贸易品中的隐含碳量。这种方法充分考虑了产业间的关联性，能够追踪从初级品到最终成品全过程的能源投入和二氧化碳排放情况，因而计算结果比较准确。投入产出模型包括单区域投入产出模型（Single-Regional Input-Output Model，SRIO Model）和多区域投入产出模型（Multi-Regional Input-Output Model，MRIO Model）。基于 SRIO Model 的核算把进口产品的生产技术水平或碳排放系数等同于本国的生产技术水平或碳排放系数，导致最终统计结果与实际情况存在较大偏差，而基于 MRIO Model 的核算则能够区分本国产品与来自不同区域的进口品之间的生产技术差异，可以明显提高统计精度。但因为多区域投入产出模型对数据处理的要求相当高，所以单区域投入产出模型仍然为现在使用的主流分析模式。本书采用的是单区域投入产出模型，但本书没有假设进口来源国生产商品的技术水平或碳排放系数与本国相同，而是基于本国的碳排放系数，通过利用国外技术调整系数对本国的碳排放系数进行修正，得出我国进口产品的碳排放系数。

1.4.2 创新之处

与之前贸易开放的碳排放效应的相关研究相比，本书在以下两方面可能有所突破。

1. 在贸易开放的碳排放效应模型构建中，引入全球生产网络效应。从目前相关文献看，学者们对贸易开放的碳排放效应的研究，多数只考虑了规模效应、结构效应、规制效应和技术效应等几大效应的存在，很多学者都忽视了以全球生产网络（Global Production Network）为载体的产品内分工这种新的国际分工模式的影响。在这种新的国际分工模式下，在生产领域，一件产品往往不是在一个国家内完成，而是按照比较优势和要素禀赋配置在多个国家制成，因此形成了国际垂直分工体系。对于发展中国家来说，融入全球生产网络下的产品内分工体系当中，其比较优势可能不再局限于传统的碳密集型产业，还可能会体现在某些层次结构更高的产品生产阶段上，如计算机和其他高科技产品，参与产品内分工所进行的生产环节可能是相对清洁的。因此本书在前述几大效应的基础上构建了一个融入产品内分工的全球生产网络视角的贸易开放的碳排放效应模型。

2. 采用动态面板及静态面板不同的模型，从全国及区域层面研究贸易开放的碳排放效应。目前国内基于分省的二氧化碳排放数据研究贸易开放的碳排放效应，多数采用的是静态面板的最小二乘法（OLS）估计，另考虑到由于中国实行的是非平衡的区域性贸易开放战略，因此中国各地在探讨向低碳经济转型时，需要从实证上分别检验各区域碳排放对贸易的依赖。因此本书使用中国1998—2010年30个省区的面板数据，采用动态面板数据模型从全国的角度验证贸易开放的碳排放效应；采用静态面板数据模型，对东、中、西三大区域贸易开放的碳排放效应进行比较研究，这对于我国贸易政策、产业政策和环保政策的制定以及各个区域根据不同的贸易开放程度制定相应的节能减排和低碳经济政策措施具有一定的指导意义。

1.5 存在的不足

1. 由于中国与其他国家的双边贸易数据中仅有商品贸易数据，因此本书对工业部门进出口含碳量的分析仅限于工业部门生产商品的二氧化碳排放量，不包括与燃料的使用直接相关的运输和服务业部门的二氧化碳排放，这种计算明显低估了进出口贸易中的含碳量。对外贸易需要将商品从生产国运到消费国，增加了国际运输量，从而扩大了二氧化碳的排放。在国际运输业所使用的能源当中，石油的使用比例在95%左右，而这是二氧化碳排放的一个重要来源。但由于受到数据限制，本书在分析贸易开放的碳排放效应时没有考虑和计算对外贸易中的货物运输对二氧化碳排放的影响。

2. 本书运用文献计量学诸方法，利用Web of Scienc和CSSCI数据库中的相关文献对贸易与环境领域的研究现状进行实证分析，这可以说是文献计量学诸方法在"贸易与环境问题"领域研究的一种尝试，与传统文献综述方法相比，可以清晰、客观地展示该领域的研究状况、热点和知识结构。但由于受数据库的限制，以及文献数据录入过程中可能的不规范等，一方面会给实证研究带来很多的障碍，同时也可能在一定程度上影响实证结果。因此如何充分利用好文献数据库以及如何对现有数据库的文献数据进行规范化处理，使实证结果更加客观、准确，将是今后要加强的课题。

第 2 章 贸易与环境领域研究状况

贸易与环境之间的关系早在 1972 年召开的斯德哥尔摩联合国人类环境会议后就逐渐引起了人们的关注。但在 20 世纪 80 年代,由于世界经济的衰退,环境问题暂时被忽视。自 90 年代开始,世界经济开始复苏,贸易与环境问题也再次成为人们关注的焦点,自由贸易论者与环境保护论者为此展开了激烈的争论。

自由贸易论者认为,贸易自由化有益于环境的改善。他们认为,导致环境恶化的根本原因是市场失灵和政府失灵,而不是贸易自由化,所以用贸易的限制手段来解决有关环境问题只会带来进一步的扭曲,而基于比较成本优势的国际专业化分工能够带来世界资源的合理配置和有效利用,从而有利于经济发展和环境保护的协调。一些学者的研究成果为这一观点提供了支持(Anderson,1992;Stevens,1993;Dean,1992)。

相反,环境保护主义者则提出贸易发展与生态环境保护目标背道而驰的观点,贸易开放是导致环境破坏的重要因素之一。放任自流的贸易,会使生态环境遭到破坏,特别是在环境保护政策宽松的国家,贸易自由化对环境的损害会更大。部分研究为此观点提供了经验支持(Daly,1993;Jenkins,1998)。

为了更清晰地了解贸易与环境问题的国外及国内研究现状,本章运用文献计量学和科学计量学的诸分析方法,以 Web of Science 数据库及中文社会科学引文索引(CSSCI)数据库中的刊发论文为研究对象,来直观展示贸易与环境问题的国外及国内研究现状及研究热点。

2.1 主要计量指标

(1)余弦指数。余弦指数是一种度量共现强度的指标,这里主要是用它来度量共被引文献的共现强度。余弦指数计算方法如下:

$$\cos e = \frac{F(A,B)}{\sqrt{F(A)F(B)}} \tag{2-1}$$

其中，$F(A)$表示被引文献 A 在给定的文献集合中出现的次数；$F(B)$表示被引文献 B 在给定的文献集合中出现的次数；$F(A,B)$表示被引文献 A、B 共同出现的次数。余弦指数的取值范围在 0 至 1 之间，它的值越大，表明被引文献之间的共现强度就越高。

（2）密度。密度用来度量各个聚类内部的被引文献的紧密程度，反映该聚类维持自己和发展自己的能力。密度的计算有多种计量方法，如平均值、中值、平方和等。本章用聚类中的被引文献间的余弦指数之平均值来进行计量。

（3）中心度。中心度用来度量各聚类的被引文献与其他聚类的被引文献之间的紧密程度，反映一个研究主题与其他研究主题之间相互影响的程度。其中的一个研究主题和其他研究主题连接的强度和数目越大，就说明这一研究主题在整个研究领域中越趋向于中心地位。一个聚类和其他聚类相连的边数越多，则说明这一聚类的中心度相对于其他聚类就越大。中心度的计算方法有很多种，本章用给定聚类中文献与其他聚类中文献的余弦指数之和进行计量。

2.2 数据的选取和规范化处理

本章的目的是通过文献的共被引分析，借助文献计量学的研究方法和指标，直观展示国内外贸易与环境问题的研究现状、热点和研究趋势与知识结构。故国外选取 Web of Science 数据库，中文选取中文社会科学引文索引（CSSCI）数据库，设定检索时间段为 1998—2011 年，在高级检索中分别按检索式"TS＝（(trade) SAME ((environment) or (Carbon emissions) or (Carbon tariffs))) AND 语种＝（English）AND 出版类型＝（Article）"和"检索式＝贸易*环境｜@ALL＝碳排放*贸易｜@ALL＝碳关税*贸易"进行检索，检索结果显示国外研究共获得 6185 篇文献，国内研究共获得 1553 篇文献。但由于存在会议通知、会议评述、图书评介等，还有一些虽然在检索结果中，却与研究主题无关，故排除上述噪音后，最后分别获得 872 篇文献和 726 篇文献，这些文献将作为本章的分析对象。数据下载和更新时间为 2011 年 9 月。

2.3 实证分析与讨论

2.3.1 共被引矩阵

我们运用美国德雷克塞尔大学信息科学与技术学院陈超美博士基于JAVA平台开发的可视化分析软件CiteSpace生成共被引矩阵，在CiteSpace设置界面中进行主要设置，如选择1年、文献共被引、阈值为（3，3，0；3，3，0；3，3，0）等，国外研究获得105篇高被引文献，国内研究获得162篇高被引文献，并生成共被引文献矩阵，矩阵中被引文献的共现强度用余弦指数值来度量（共现强度越大，余弦指数值越高）。依据被引文献之间的共现关系和余弦指数值，分别构建了105×105和162×162的共被引矩阵（略）。

2.3.2 聚类分析

本研究所采用的聚类原则如下：①在CiteSpace软件生成的共现方阵（105×105）中通过查找余弦指数最高的一对被引文献，作为第一个聚类的起始文献；②将方阵中的105篇或162篇被引文献与该对被引文献的任一篇文献的余弦指数进行降序排列，从中由高到低选取10篇被引文献（若余弦指数大于0的文献不足10篇，只取余弦指数大于0的文献），其中包括作为起始文献的一对被引文献，即使余弦指数仍大于0，只要超过10篇以上的文献均拒绝加入该聚类，即该聚类达到了饱和值（10篇被引文献）；③第一个聚类生成后（或者饱和，或者余弦指数大于0的不足10篇被引文献），在方阵中将已加入到聚类中的文献删除掉（需要行、列同时删除），保证已加入到聚类中的文献不会加入到下面的其他聚类；④反复进行第一步到第三步，就可以一个一个地生成聚类，一直进行到将所有有共现关系的被引文献都加入到聚类中为止，若矩阵中虽然还有被引文献，但这些被引文献之间已经没有共现关系，即所有的被引文献间的共现强度为0，（余弦指数等于0）聚类生成结束，所剩的被引文献不再加入任何聚类。

因为只根据高被引文献个体无法识别研究内容和方向，所以本部分借鉴卡龙（Callon）的聚类分析方法，利用聚类分析来辨别研究内容和研究方向。按照上述的聚类方法和原则，将国外105篇被引文献划分为14个聚类，国内162篇被引文献划分为17个聚类，每个聚类根据所包容的被引文献题名，可以概括出聚类的名称，各个聚类名称就是该领域的主要研究内容和研究方向（见附表1、附表2）。

从附表1、附表2可看出，国内外贸易与环境领域研究热点呈现多元化的特点，且绝大多数被引文献都发表于20世纪90年代以后。这是因为，20世纪90年代以来，席卷世界的经济全球化的浪潮极大地推动了国际贸易的快速增长，与国际贸易的快速增长相伴随的除了经济的高速增长以外还有生态环境的不断恶化：能源危机、环境公害、气候变暖，等等，挑战着当今世界经济的可持续发展。因此，贸易发展与环境保护之间的关系问题引起了国内外学术界的普遍重视，各国研究者们从不同的视角对这一领域进行了研究。

2.3.3 战略坐标分析

在以中心度为横轴、密度为纵轴的战略坐标图（见图2-1、图2-2）中，依据中心度和密度的指标含义，以及战略坐标的象限位置的含义，可以清楚地看到尽管贸易与环境领域研究的热点呈现多元化的特点，但在国内外，各研究内容在整个研究领域中所处的地位有很大差别。

2.3.3.1 国外贸易与环境领域研究现状的战略坐标分析

位于第一象限既有较高密度也有较高中心度的主题包括"贸易政策与环境政策的协调""环境标准与国际竞争力""贸易、经济增长与环境污染"和"污染避难所假说"等，外国学者从20世纪90年代开始就对这几个主题广泛注意，对此进行了长期深入的研究，使其成为贸易与环境领域的研究焦点及其他主题的研究基础，在整个研究领域中处于核心位置。特别是"贸易政策与环境政策的协调"这一主题，具有最高的密度和中心度。贸易发展和环境保护的重要性决定了两者之间协调发展的必要性，但二者之间又存在着非常微妙及复杂的关系，所以，"贸易政策与环境政策的协调"这一主题得到国际社会的长久关注。

位于第四象限具有较高中心度但密度较低的研究主题主要有"贸易自由化的环境效应""贸易与环境的关系""贸易与可持续发展"，这些研究主题在整个贸易与环境领域中与其他研究主题联系密切，但本身获得的研究并不充分。

位于第二象限的是中心度很低但密度较高的领域，包括"环境政策与贸易模式""绿色贸易壁垒""环境库兹涅茨曲线""经济增长与环境保护"等，这些主题曾经是贸易与环境领域研究的核心问题，但近年来学者们对其的研究兴趣越来越少。如"环境库兹涅茨曲线"，自 1991 年 Grossmann 和 kruger 提出环境库兹涅茨曲线假说以来，大量国外学者对人均国民收入和环境污染之间存在的倒 U 形关系进行了理论与实证研究，但近年来学者们对其的研究兴趣逐渐减退，研究成果不断减少，使这一主题逐渐边缘化。

位于第三象限的是中心度和密度都很低的领域，包括"外商直接投资的环境影响""环境规制与比较优势""贸易的碳排放效应"，这些研究主题位于整个研究网络的最边缘地带，也没有引起相关研究人员的关注。贸易与环境领域虽然研究热点呈现多元化的特点，但很多主题处于整个研究网络的外围，没有获得充分的研究，有待于研究者的关注。

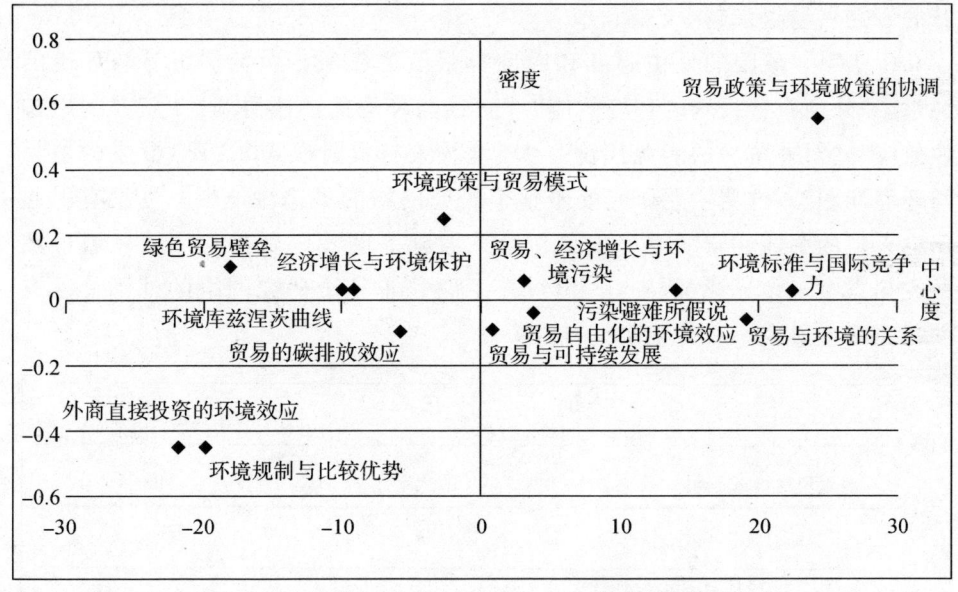

图 2-1　国外贸易与环境领域战略坐标图

2.3.3.2　国内贸易与环境领域研究现状的战略坐标分析

位于第一象限既有较高密度也有较高中心度的主题包括"贸易政策与环境政策的协调""污染避难所假说"等，我国学者从 20 世纪 90 年代开始就对这两个主题广泛注意，对此进行了长期深入的研究，使其成为贸易与环境领域的研究焦点及其他主题的研究基础，在整个研究领域中处于核心位置。

位于第四象限具有较高中心度但密度较低的研究主题主要有"环境库兹涅茨曲线""贸易自由化的环境效应""环境标准与国际竞争力""贸易、经济增长与环境污染",这些研究主题在整个贸易与环境领域中与其他研究主题联系密切,但本身获得的研究并不充分。特别是"环境库兹涅茨曲线"具有最高的中心度。前文提到,Grossmann 和 kruger(1991)提出环境库兹涅茨曲线假说后,引发了各国学者对经济增长和环境保护之间关系的大量研究。我国学者也纷纷借用环境库兹涅茨曲线作为分析工具,但至今对于 EKC 还是缺乏统一的理论分析框架,实证分析结果也有很大差别。

位于第二象限的是中心度很低但密度较高的领域,包括"贸易与可持续发展""环境规制与比较优势""经济增长与环境保护""绿色贸易壁垒"等,这些主题曾经是贸易与环境领域研究的核心问题,但近年来学者们对其的研究兴趣越来越少。

位于第三象限的是中心度和密度都很低的领域,包括"贸易与环境的关系""外商直接投资的环境效应""贸易与环境的法律协调""贸易的碳排放效应""对外贸易的能源代价""环境政策与贸易模式""WTO 中的贸易与环境问题",这些主题研究处于整个研究网络的最边缘地带,也没有引起研究人员的关注。众多聚类聚集在第三象限表明我国贸易与环境领域虽然研究热点呈现多元化的特点,但很多主题处于整个研究网络的外围,没有获得充分的研究,有待于研究者的关注。

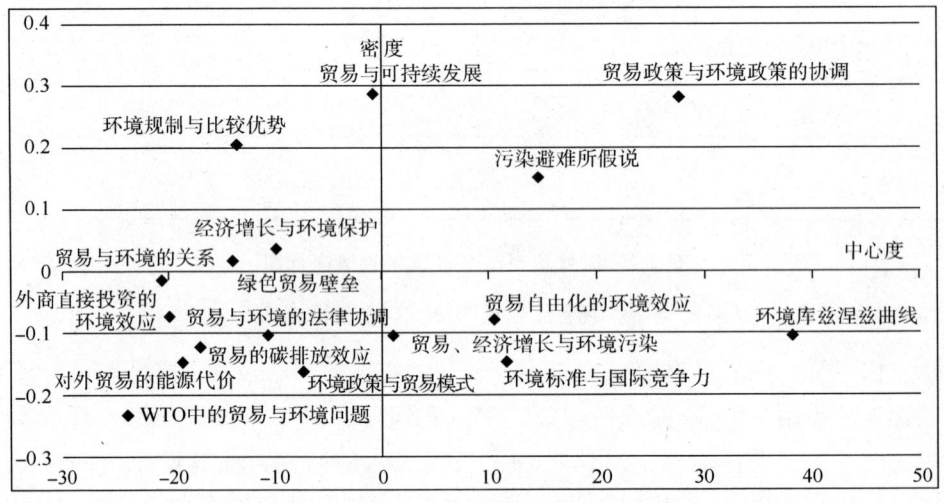

图 2-2 国内贸易与环境领域战略坐标图

从上述国内外贸易与环境领域研究现状可发现，无论国外还是国内，在贸易与环境领域中，"贸易的碳排放效应"这一主题都位于战略坐标的第三象限，即中心度和密度都很低的领域，说明"贸易的碳排放效应"这一主题处于整个研究网络的外围，没有获得充分的研究，有待于研究者的关注。所以本书选择"贸易的碳排放效应"这一研究主题作为研究对象，有关贸易的碳排放效应的研究状况将在下面 2.4 节中详细阐述。

2.4 贸易的碳排放效应研究现状

目前国内外有关贸易的碳排放效应的研究文献主要分为三大类：第一类，通过研究贸易开放与二氧化碳排放的关系，以考察贸易开放对二氧化碳排放的影响；第二类，贸易含碳量研究；第三类，二氧化碳排放责任的分担机制。

2.4.1 贸易开放与二氧化碳排放的关系

二氧化碳属于全球性的污染物，被认为是导致全球气候变暖的主要温室气体。经济增长是导致二氧化碳排放量增加的关键因素，而贸易开放能够促进经济增长，所以贸易开放也必然成为影响二氧化碳排放量增加的重要驱动因素之一。近年来，国内外有很多的文献展开了贸易开放与二氧化碳排放量之间关系的研究，当然，贸易开放对二氧化碳排放量的影响相比较其他因素来说更加动态（Raupach 等，2007），由此导致现有的研究结论也比较混乱。

2.4.1.1 国外贸易开放与二氧化碳排放的关系研究

关于各国贸易与该国碳排放的关系，国外已有不少的学者对其进行了研究。Gale（1995）定量对比分析了墨西哥加入北美自由贸易协定（NAFTA）前后二氧化碳排放量的变化情况，结果表明随着关税的取消，墨西哥的二氧化碳排放量出现增加的趋势。Talukda 和 Meisner（2001）使用 44 个发展中国家 1987—1995 年的数据，研究发现贸易对二氧化碳排放存在正的效应，但在统计上并不显著。Grimes 和 Kentor（2003）利用 66 个欠发达国家 1980—1996 年的数据，研究发现出口贸易降低了二氧化碳排放量，但在统计上并不显著。Cole 和 Elliott（2003）分析了贸易开放对包括二氧化碳排放在内的四种环境污染指标的影响。他们使用了 1975—1995 年 32 个发达国家和发展中国家二氧化碳排放的数据。研究发现由于技术效应较小而规模效应较大，贸易越开放，二氧化碳排放量就越多，即贸易每增加1%，人均二氧化碳排放量就增加0.04%。Roberts，Grimes和Manale（2003）使用136个国家的截面数据，研究结果表明出口占国内生产总值的份额增加会增加二氧化碳排放。Cole（2004）运用OECD国家1980—1997年的面板数据，以包括二氧化碳在内的10类大气污染物和水污染物作为指标，通过验证倒U形的环境库兹涅茨曲线，结果发现贸易开放减少了二氧化碳的排放。Managi（2004）利用1960—1999年包括63个发达国家和发展中国家的面板数据，验证了贸易自由化与二氧化碳排放之间的关系，研究结果表明贸易自由化增加了二氧化碳排放。Frankel和Rose（2005）研究了150个国家在既定人均收入水平下贸易开放和包括二氧化碳在内的7个环境污染指标之间的关系。研究结果表明，贸易开放和经济增长对二氧化碳排放量有不利影响，他们认为这可能是由于二氧化碳排放释放到全球公域，污染的部分成本由外国承担所致。因此，单个国家层次的环境法规很难解决二氧化碳排放问题。McCarney和Adamowicz（2005）使用143个国家1976—2000年的面板数据，研究了贸易开放和二氧化碳排放之间的关系。虽然他们的研究结果无法分解为规模、技术与结构效应，但总体结果仍然表明，随着贸易的开放，二氧化碳排放量显著增加。Takeda和Matsuura（2006）利用东亚10个国家1988—2000年的面板数据，研究表明贸易开放度增加了二氧化碳排放。Managi，Hibiki和Tsurumi（2008）的研究结果表明，对于处于不同经济发展水平的国家来说，贸易开放对二氧化碳排放的影响很可能是不同的。他们使用1973—2000年88个国家二氧化碳和二氧化硫排放量的数据，以及1980—2000年83个国家的生化需氧量的面板数据，研究表明对于经济发展水平较高的发达国家来说，由于技术效应超过了结构和规模效应，贸易开放减少了二氧化碳排放量；但是对于经济发展水平较低的发展中国家来说，贸易开放对二氧化碳排放量的影响是相反的。Paul和Michael（2009）以169个国家1989—2003年的面板数据为基础，检验了人均二氧化碳排放量与出口之间的关系。固定效应模型的结果显示，世界范围内的出口与二氧化碳的排放量之间存在着正相关关系。此外，Kearsley和Riddel（2009）研究了27个OECD国家包括二氧化碳在内的7种污染物的EKC，他们的研究并不支持"污染天堂假说"，换言之，贸易对二氧化碳排放的影响并不显著。

2.4.1.2 中国贸易开放与二氧化碳排放的关系研究

李秀香和张婷（2004）以二氧化碳排放量为例分析了出口贸易增长对我国环境质量的影响，研究结果表明出口贸易的增长在一定程度上降低了人均二氧化碳的排放。兰天（2004）利用1995—2001年中国30个省市的面板数据，研究表明虽然中国各省市贸易活动对污染的影响表现出相当大的差异性，但从总体来讲贸易开放还是减少了我国二氧化碳的排放。王正鹏和李莹（2008）运用中国平均GDP二氧化碳排放强度指标，分析了进出口贸易变化与二氧化碳排放量之间的关系，结果表明仅2006年中国的出口贸易就增加了14.4亿吨二氧化碳排放。Jalil和Mahamud（2009）运用中国1975—2005年的数据分析了中国能源消费、二氧化碳排放、收入与对外贸易之间的关系。他们的研究发现贸易对CO_2排放存在负向关系，但统计上并不显著。Ang（2009）使用中国1953—2006年的时间序列数据并结合考虑环境因素的现代内生经济增长理论，研究结果发现随着贸易开放程度的提高中国二氧化碳排放量相应增加。许广月和宋德勇（2010）使用我国1980—2007年的时间序列数据，采用格兰杰因果关系检验和脉冲响应方法研究了出口贸易、经济增长和碳排放之间的动态关系，结果表明出口贸易是碳排放和经济增长的格兰杰原因，而经济增长不是碳排放的格兰杰原因。李小平和卢现祥（2010）运用部分发达国家和中国各工业行业的二氧化碳排放量和贸易数据，通过实证研究发现国际贸易能够减少工业行业的二氧化碳排放总量和单位产出的二氧化碳排放量，所以中国并没有因为对外贸易而成为发达国家的"污染天堂"。高凤林（2010）通过构建能够反映二氧化碳排放和出口商品竞争力的相对指标，对1990—2007年中国与美国的相对排放和相对市场占有率等进行了协整检验和因果关系检验，结果表明中国二氧化碳排放和出口商品竞争力之间存在着稳定的线性关系，且互为格兰杰原因。刘瑞翔和姜彩楼（2011）利用结构分解的方法对中国加入世界贸易组织后能源消耗和二氧化碳排放迅速增加的现象进行了解析，研究结果表明当前中国以加工贸易为主要形式参与国际分工的状况和目前的工业化进程是促进能源消耗和二氧化碳排放迅速增加的主要原因。任力和黄崇杰（2011）利用中国1995—2007年的面板数据，分析了我国三大区域的对外贸易依存度、人均GDP与二氧化碳排放量之间的关系。分析结果表明三大区域的对外贸易依存度都对人均二氧化碳排放有显著的正影响。李国志和王群伟(2011)运用变参数模型进行研究,结果表明出口贸易与二氧化碳排放之间存在着长期动态的均衡关系。其中工业制成品出口对二氧化碳排放的影响程度呈不断降低的趋向,而初级产品出口对二氧化碳排放的影响程度呈不断增加的趋向。

2.4.2 贸易含碳量研究

对外贸易的含碳量(Embodied CO_2)长久以来在传统的贸易问题研究中一直是被忽视的一个问题。随着气候变化受到国际社会的普遍关注,考虑一国对外贸易含碳量的"消费者责任"被认为是解决《京都议定书》产生的碳泄露问题的解决方案(Wyckoff 和 Roop,1994;Munksgaard 和 Pedersen,2001),这就说明了一国的二氧化碳排放量应该是其所在领土的总排放量,减去出口含碳量,加上其从国外进口的含碳量。

发达国家较早地对本国贸易中的能源消耗和含碳量问题展开了研究。Wyckoff 和 Roop(1994)计算了 1984—1986 年加拿大、法国、德国、日本、英国和美国等国家进口商品的内涵碳排放,发现这些国家大约 13% 的碳排放量隐含于制造业的进口当中。Machado 和 Schaeffer(2001)研究了巴西 1995 年的国际贸易中的能源消耗和含碳量,结果表明发达国家把碳含量非常高的产业转移到了巴西。Mongelli(2004)以产品部门为基础,利用投入产出模型对意大利的能耗密集度和温室气体排放量进行了测算,验证了"污染避难所"假说。他们认为发展中国家将成为"污染避难所",因为比较优势是可以改变国家的经济结构和国际贸易格局的,最终导致发展中国家在国际贸易中承载更多的隐性能耗和隐性碳排放的转移。Julio 和 Duarte(2004)建立了环境投入产出模型以分析进出口中的内涵二氧化碳对行业的影响,结果表明,西班牙的污染出口产品主要集中在能源和矿产部门,进口导向政策转移了大量的污染,有利于实现平衡排放。Sánchez-Chóliz 和 Duarte(2004)以行业的视角,使用投入产出法对西班牙对外贸易中的能源消费引起的二氧化碳排放量进行了计算分析,结果表明西班牙进口贸易和出口贸易中的隐含碳排放量分别占到其总需求碳排放量的 36% 和 37% 左右。Mukhopadhyay(2006)采用 1980—2000 年泰国与 OECD 国家的贸易数据来检验这一观点,结果发现泰国出口产品的含污量大于进口产品含污量,这一结论支持泰国是"污染避难所"假说,而不支持资源享赋论。Kandera 和 Lindmark(2006)考察了 1950—2000 年瑞典对外贸易中的隐含能源和隐含碳情况，指出瑞典是隐含能源和隐含碳的净出口国。因此，内部因素比如效率提高、消费模式的改变和能源系统的转型，对瑞典的环境质量改善都很重要，而贸易并没有起很大作用。Hayami 和 Nakamura（2007）利用日本和加拿大的双边贸易数据与双方的投入产出表对比两国的二氧化碳排放强度，指出日本在依靠从加拿大进口煤炭、纸浆及木材等资源性产品的同时向加拿大出口大量的工业制成品，因为日本汽车的二氧化碳排放强度大大低于加拿大，而纸浆的二氧化碳排放强度则高于加拿大，因此双方可以通过专业技术分工协作来降低两国的二氧化碳排放。Atkinson 和 Hamilton（2010）指出，由于非附件 I 国家不需要履行《京都议定书》的减排责任，附件 I 国家可能会考虑对来自非附件 I 国家的进口产品征收碳税以平整游戏规制（level the playing thefield）。他们使用全球贸易分析项目数据和投入产出分析法估算样本国国内生产和国际贸易中的隐含碳。结果显示，大量发展中国家是隐含碳的净出口国。如果按每吨二氧化碳 50 美元计算，征收边境税可能导致大幅度提高来自发展中国家进口的有效税率。

我国对外贸易隐含的二氧化碳排放问题已经引起了国内外学术界的高度重视。Shui 和 Harriss（2006）是较早研究对外贸易对于中国二氧化碳排放影响的国外学者。他们以中美贸易为例进行分析，结果表明 1997—2003 年中国出口到美国的产品中隐含碳排放的增长水平要高于中国每年碳排放的增长水平。中国目前 CO_2 排放量中的 7%～14% 是由其向美国的出口贸易导致的。齐晔、李惠民和徐明（2008）使用投入产出模型估算了我国 1997—2006 年进出口贸易中的含碳量，结果发现 1997—2002 年净出口含碳量占当年我国碳排放总量的 12%～14%，到 2006 年这个比例已达到 29.28%。魏本勇、方修琦和王媛（2009）对 2002 年中国对外贸易含碳量的分析也发现，中国存在非常明显的隐含碳出口行为；2002 年中国为满足国外需求而出口的产品含碳量为 261.19 吨，约占当年国内一次能源消费碳排放量的 23.45%。闫云凤和杨来科（2010）分析了金融危机中我国出口贸易隐含碳的结构变化，结果表明：在此次金融危机中，不仅规模效应对中国出口隐含碳有降低作用，结构效应对出口碳也有改善作用。徐慧（2010）估算了 2002 年中国 42 个部门进出口贸易中的隐含碳排放，结果发现中国的出口含碳量小于进口含碳量。但是她假定进口国家的生产技术与中国相同从而高估了进口碳。朱启荣（2010）利用投入产出模型计算了 2002 年和 2007 年我国出口贸易行为产生的二氧化碳排放量，实证分析了我国出口商品结构存在的问题及其原因,并揭示了出口贸易中的高碳产品转移问题。张友国(2010)基于非竞争型投入产出模型估算了1987—2007年中国的贸易含碳量及其行业的分布和国别流向,并通过结构分解法研究了各种影响因素对含碳量的影响。结果表明,2005年以来中国已经成为碳的净输出国。傅京燕和裴前丽(2011)使用广东省2005年、2002年和1997年的投入产出表,运用投入产出模型分析对外贸易对广东省二氧化碳排放量的影响,研究结果表明对外贸易不利于广东省二氧化碳减排。

2.4.3 二氧化碳排放责任的分担机制

当前国际上二氧化碳的数据是基于领土责任的核算方法,此种核算方法是从生产者的角度出发,仅仅考虑一国生产的产品供应国内的生产与消费部分,要求一个国家只是承担本国界内生产产品过程中排放的二氧化碳的减排责任。这种核算方法没有考虑国内消费与出口需求的区别,因此一个国家如果通过进口国外生产的产品来替代本国制造,就会呈现高标准的生活水平与低二氧化碳排放水平相伴的现象;而为其他国家生产产品的国家就被迫要为这部分出口产品的二氧化碳排放负责,这明显存在着一定的公平缺失问题。

基于领土责任的贸易中含碳量的测算,也很有可能会产生对执行气候变化协议效力的消极影响。这种影响是发生在附件Ⅰ国家(主要是发达国家,也包括经济转型国家)可能对非附件Ⅰ国家(主要为发展中国家)产生的碳泄漏。如果国际上限制二氧化碳排放的政策只是关注附件Ⅰ国家的国内生产与消费,那这些国家就很有可能简单地通过从非附件Ⅰ国家进口它们需要的部分能源和碳密集型产品以替代国内生产的方式,来达到减少它们国内的二氧化碳排放的目的,那可能世界二氧化碳总排放量不但不能减少,甚至会增加,因为发展中国家和发达国家相比具有较高的二氧化碳排放强度和较低的能源利用效率。这种现象被称为"碳泄漏"。Wyckoff和Roop(1994)指出如果进口对一国的消费贡献很大,例如发达国家通过大量进口发展中国家制造的商品来替代国内生产,就能既满足高标准的生活需求,又能降低国界内的温室气体排放,则减少其国内温室气体排放的政策可能效果并不明显,而发展中国家不得不承担制造出口产品所产生的污染排放的责任。Schaeffer和Leal de Sá(1996)利用巴西1970—1993年数据研究也发现,发达国家通过从发展中国家进口更多的国内需要的能源密集型产品的方式，向发展中国家转移其本国的部分二氧化碳排放。Lenzen（1998）探讨了《京都议定书》中附件Ⅰ国家和非附件Ⅰ国家之间可能发生的碳泄漏。如果温室气体排放限制政策主要是针对附件Ⅰ国家的国内市场，这些国家碳密集型产品的生产成本可能会增加，从而降低这些商品的国际竞争力，所以附件Ⅰ国家减少生产某些能源和碳密集商品，选择从无强制减排的非附件Ⅰ国家进口，以减少基于其领土责任的碳排放量；而非附件1国家（主要为发展中国家）因生产成本较低会进一步刺激附件Ⅰ国家的消费，但由于其能源利用效率较低而碳排放强度较高，因此附件Ⅰ国家的减排可能会引起非附件Ⅰ国家碳排放的增长，从而导致"碳泄漏"的发生（见图1-2）。Rhee和Chung（2006）通过研究日韩双边贸易对两国二氧化碳排放的影响，分析了附件Ⅰ国家向非附件Ⅰ国家产生碳泄漏问题的可能性。分析表明，作为非附件Ⅰ国家的韩国比附件Ⅰ国家的日本在能源密集型生产上具有比较优势，所以虽然韩国在双方贸易中处于逆差，但韩国出口到日本的二氧化碳排放量却超过日本出口到韩国的排放量，反映出日韩间由于贸易结构不同而引起的碳泄漏问题。碳泄漏的产生虽然可以使附件Ⅰ国家减少国内报告的二氧化碳排放总量，但这对于全球二氧化碳的减少没有任何意义。

由于碳泄漏现象的存在，许多学者对基于领土的碳减排责任机制提出了新的意见，消费者负责原则被顺势提出。消费者负责原则与生态足迹法具有非常相同的原理，即如果消费者对于产品生产过程中产生的整个生态影响负责，也就理所应当为与此过程相关的全部二氧化碳排放负责。这种方法将更加公平，而且可以避免发达国家与发展中国家之间碳泄漏问题的发生。Munksgaard和Pedersen（2001）提出在一个开放的经济体系中核算一个国家的二氧化碳排放时，应采取消费者负责原则。因为他们经过研究发现，国外需求引起的丹麦国内二氧化碳排放的增加，已经严重影响到了丹麦二氧化碳排放目标的实现，所以提出在核算一国二氧化碳排放时，需要从消费的角度出发，把对外贸易引起的排放也考虑在内。Peters和Hertwich（2006）利用消费者责任核算方式对挪威进行的研究发现，挪威国内69％的碳排放是由出口商品所带来，如直接要求国内减排，挪威可能会选择减少碳密集型出口商品的生产，但挪威的碳排放强度低于大多数国家，从全球减排的角度出发，应该鼓励挪威保持并扩大其碳密集型产品的生产，而有进口需求的国家也会本着成本和污染排放最小化的考虑来选择挪威这样的国家的出口产品。Ahmad和Wyckoff（2009）的研究也发现，从生产者负责原则向消费者负责原则的碳核算方法的转变，可以在一定程度上改变一国控制国内温室气体排放的动机和对二氧化碳排放的评估。

针对消费者负责原则，也有学者对其有效性产生了担忧，因为若从消费角度出发，生产者可能不会主动去减少排放，也可能会降低发展中国家创造更加清洁和有效的生产过程的积极性；而消费者虽然从理论上来讲有责任选择那些积极且有效减少二氧化碳排放的生产者，但因为缺少充分的激励和约束机制，消费者也许可能不会在意他们应负的环境责任，所以从世界整体减排效果看，可能不会十分显著。针对这种顾虑，一些学者又提出了"共同负责"的碳计算方法，即由生产者和消费者共同为对外贸易中的二氧化碳排放承担责任。Bastianoni 和 Pulselli（2004）在对比分析了领土责任法（污染者负责法）和消费者负责法的基础上，提出了一个可供选择的折中方案，即消费者和生产者共同为某一产品从最初生产到最终消费过程中的碳排放负责。这样不但可以激励消费者选择采用更好环境保护措施的生产者，也可以激励生产者主动采取措施减少生产过程中的碳排放。Lenzen 和 Murray（2007）采用生命周期评估方法，从生态足迹的角度出发，提出了一种计算贸易含碳量"共同责任"的方法。只不过这一方法中消费者的责任主要是指消费环节中产生的碳排放，如汽车尾气等。Andrew 和 Forgie（2008）采用 Lenzen 和 Murray（2007）提出的方法对新西兰的研究表明，新西兰国内二氧化碳排放的44%是国内生产者的责任；在消费者责任中，28%的责任由国内消费者承担，另外27%的排放是因出口带来的，应该由国外消费者来承担。他们的研究表明"共同负责"的方法能够充分反映公平性，与单纯采用生产者或消费者负责的计算方法相比也较容易被接受。

2.4.4 有关中国贸易的碳排放效应的研究评述

2.4.4.1 有关中国贸易开放与二氧化碳排放的关系研究

从现有中国贸易开放与二氧化碳排放的关系研究看，不但在研究结论上存在一定的冲突，而且还呈现以下两个特点：①目前在中国贸易开放与二氧化碳排放之间的关系研究上，基于各省区域的数据进行研究的文献比较有限，且多数采用的是静态面板的最小二乘法（OLS）估计。更少有文献能够全面考虑到中国的区域性贸易开放战略的非平衡性，从而基于此对东、中、西三大区域贸易开放对碳排放的影响进行差异比较研究。②多数文献仅从规模效应、结构效应及技术效应等方面分析贸易开放对碳排放的影响，但是大都忽略了新的国际分工模式下贸易增长对碳排放的影响。而目前以全球生产网络（Global Production Network）为载体的产品内分工已然成为世界新的国际分工模式，对于发展中国家来说，融入全球生产网络下的产品内分工体系当中，其比较优势可能不再局限于传统的碳密集型产业，还可能会体现在某些层次结构更高的产品生产阶段上，如计算机等高科技产品，参与产品内分工所进行的生产环节的生产可能是相对清洁的。因此在分析贸易开放对碳排放的影响时还应当考虑到当前全球新的国际分工模式下全球生产网络的作用。

2.4.4.2 有关中国贸易的含碳量研究

（1）目前有关中国贸易的含碳量研究往往忽略了我国加工贸易的现实。改革开放以来，加工贸易在中国飞速发展，为中国对外贸易的快速增长做出了重要的贡献。从20世纪90年代中期起，中国货物进出口贸易中加工贸易所占比例分别保持在40%和50%以上，是中国长期保持贸易顺差的一个主要因素，加工贸易的本质特点之一就是相当一部分中间产品是从国外进口的。而以往很多研究都假设所有的中间投入品都是在国内生产的，所以每生产一单位中间投入品都会使本国的碳排放量增加。而如果我们考虑了加工贸易这个因素，情况就不同了，因为中间投入产品可以从国外进口，而进口的中间产品是在国外生产，不会增加本国的碳排放，所以，如果我们忽略了加工贸易这个因素就会高估对外贸易对中国碳排放的影响。也就是说，除去在直接消耗系数矩阵当中包含的进口中间产品部分，这样测算出来的出口含碳量才会较准确。即使有些文献考虑到扣除中间投入品因素，但由于进口国技术矩阵以及直接排放强度系数的数据可获得性问题，现有文献大多数采用"替代效应"的办法，即假设进口来源国生产进口商品的技术水平与中国相同，这很可能高估进口品的碳排放影响。

（2）目前对中国进出口贸易的含碳量研究主要倾向于对中国总体的贸易含碳量的研究，行业层面的研究及中国贸易含碳量的流向的研究则相对较少，特别是与主要贸易伙伴之间的含碳量研究更是不够系统。

第3章 贸易开放对环境影响的理论分析

本章我们将从经济、贸易理论的角度分析贸易开放对环境的影响。通过借鉴科普兰和泰勒（Copeland 和 Taylor，2003）构建的环境污染供给与需求的一般均衡模型，将其运用到碳排放效应的分析上，构建贸易开放碳排放效应的理论模型。

3.1 环境外部性与国际贸易

3.1.1 生态环境的外部性

在现代经济学理论中，外部性这一经济学概念是比较模糊的（Scitovsky，1954）。外部效果（Externaleffect）、外部效应（Externaleffect）、外在性（Externalities）、溢出效应（Spillovereffect）、外在经济（Externaleconomics）等基本上都是外部性的代名词。在新古典经济学理论体系中，外部性问题长期被主流经济学者所忽略，因为新古典经济学相信市场是万能的，市场机制会自动地调节社会资源配置，以达到私人利益和社会利益的一致，从而形成帕累托最优资源配置。在新古典经济学那里，市场失灵问题是很少被考虑的。到了1920年，庇古基于马歇尔的外部经济理论，研究了外部性这一经济问题并首创了福利经济学研究。庇古认为所谓外部性就是边际社会成本和边际私人成本之间的差异，并提出政府矫正外部性的最好办法就是征收等于该差异的税收。后来有很多经济学者定义过外部性，如我国著名经济学者厉以宁（1995）将外部性视为某个微观经济单位的经济活动对其他微观经济单位所产生的非市场性的影响，并区分了外部经济与外部不经济的概念。一般说来，外部性是指企业或个人的某种经济行为对参加这种经济行为以外的第三者带来了影响，造成了社会收益与私人收益、社会成本与私人成本的差异。更为明确地讲，所谓外部性是指某个经济主体的经济行为对另一个经济主体的福利造成的影响，但这种影响并没有能够在市场交易中得到体现。按照上述理解可以把外部性的特点概括为：①某个经济主体的某种生产与消费活动对他人产生的影响并没有能够通过市场机制而反映出来，也就是说，外部性现象导致市场失灵；②外部性是经济活动中的一种溢出效应，但对受影响的某个主体来讲，这种溢出效应是对方强加于它的；③从资源配置角度来讲，外部性的存在会导致资源配置的低效率现象，外部性范围越大，通过市场的价格机制而有效率配置资源的作用就会越小，从而引起经济运行的结果不能满足帕累托条件。外部性包括负外部性与正外部性，如果某个经济主体的某种经济活动使他人承担了一部分成本但却未给予对方任何的补偿，即出现私人成本小于社会成本的现象，称为负的外部性，也可称为"外部不经济"。反之，假如某个经济主体的经济活动使他人无须承担任何成本但却能得到好处，即私人成本大于社会成本的现象，称为正的外部性，或称提供了"外部经济"。负的外部性对应的是外部成本，正外部性对应的是外部收益。

经济学家将环境污染视为负外部性问题。环境污染是指人类活动产生的污染物超过了环境的容量和环境的自净能力，使环境质量发生了恶化，以至于破坏了人们的正常生产和生活条件。环境污染具有很强的负外部性，污染者所付出的私人成本要远远小于社会成本，而只受自身成本约束的污染者终会使环境污染超过环境的承受能力。如图3-1所示。假如一个经济主体向空气中排放废气，会导致空气质量下降的外部成本发生，以致使经济主体的私人边际成本（MPC）小于社会边际成本（MSC）。经济主体根据私人边际成本等于私人边际收益的原则确定的产量 Q_p，要大于从社会视角来看的有效配置量，即由 MSC＝MB 确定的产量 Q_s。

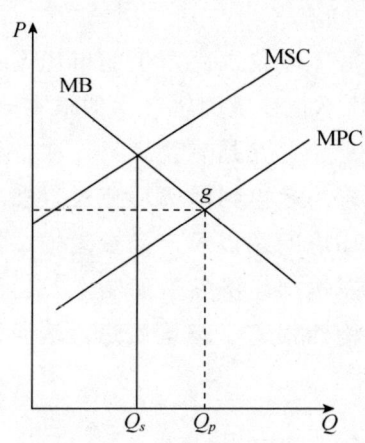

图 3-1　私人成本与社会成本

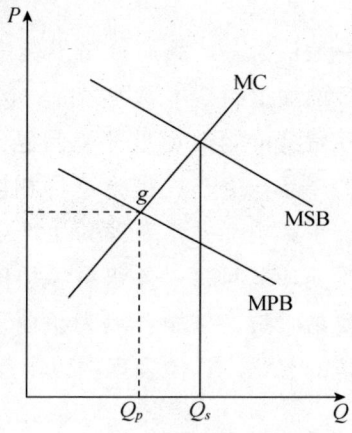

图 3-2　私人收益与社会收益

与环境污染不同，环境保护则具有很强的正外部性，环境保护者所获得的私人收益小于社会的收益，如图3-2所示，由于在环境保护活动中私人边际收益（MPB）小于社会边际收益（MSB），因此市场所达到的均衡点 g 所对应的产量 Q_p，从整个社会的视角看过少，即 $Q_p < Q_s$。

从当今主流的经济学理论来分析，环境污染产生的根本原因在于存在着市场失灵与政府失效的现象。市场失灵的原因主要有以下几点（OECD，1994）：①如果污染损失的环境成本没有包括在商品和服务的价格之中，那么环境成本就会被外部化，从而被忽视。②环境资产产权的不明确也会导致市场失灵的状况存在，如果产权不明晰，资源很可能就被自然地认为是免费品，于是导致资源的过度消耗。③市场不存在或者市场机制不健全的情况。一些落后的发展中国家会存在这种现象，因为这些发展中国家可能资本市场不够健全或其根本不存在资本市场。在实践中，政府政策的制定会受到生产方面的利益集团和政治方面的影响，使得环境不能像经济效率那样得到足够的重视。环境的外部性是环境问题产生的根本原因，这是大多数经济学家的观点。因此，解决外部性问题的理论主要是环境成本的内部化理论，该理论的依据来源于庇古的建议，即对负外部性的排污者收费，对产生正外部性的厂商或消费者给予相应的补贴以鼓励，从而消除外部效应。也即将图3-1中的MPC或图3-2中的MPB上移，使 Q_p 与 Q_s 重合，达到理想的帕累托效率。①

3.1.2 环境外部性与国际贸易

一般认为，产品的价格不能完全体现出环境成本而产生的市场失灵是环境污染加重的根本原因之一。国际贸易并不是环境问题产生的根本原因，但国际贸易可能会加重环境问题。国际贸易，尤其是货物贸易，涉及各种各样的产品，生产过程也不尽相同，从生产、运输到消费环节对生态环境都会产生影响，主要表现为生产过程中的环境问题以及产品被运输、消费时发生的环境问题；各贸易参加国为了保证本国经济发展而制定及实施的各项贸易政策，可能会因为扭曲了市场结构而损害了环境质量，从而加剧了环境的恶化。具体表现在以下几方面。

---

① 曲如晓. 环境外部性与国际贸易福利效应 [J]. 国际经贸探索，2002（1）：10-14.

3.1.2.1 国际贸易对资源环境破坏的加速效应

目前国际贸易的流向基本上是经济落后的发展中国家出口资源、能源密集型产品及劳动密集型产品，而发达国家则出口技术密集型和资本密集型产品。许多发展中国家的贸易结构过度依赖初级产品出口，造成资源的过度开发甚至消失。这种持续已久的世界贸易格局造成自然资源的数量急剧降低，环境质量水平下降和生物多样性的减少。资源的不合理或过度使用对生态环境造成很大负面影响，甚至其经济系统的稳定性从长期来讲都可能会受到影响，而出口商品的价格却并没有体现出这种日益严重的资源短缺状况。对于主要依靠出口农产品的发展中国家，对外贸易引起农产品的专业化集约生产，为增加产出必然会增加化肥和杀虫剂的使用，其结果必然是土地自然肥力的减退及化学污染的加重。因为贸易利益的原因常常会忽略经济价值较低的一些物种，从而导致生态物种的多样性日益减少，生态的自然调节作用不断降低。这种影响不仅是对出口国自身的，而且对进口国或全球的生态环境也都会带来消极的影响。

3.1.2.2 国际贸易带来环境污染的越境扩散

当环境污染及因环境污染产生的生态系统退化跨越国境时，环境问题就被国际化了，国际贸易将生态线扩大到了国界线以外。不加限制的贸易开放，意味着非环境友好型的生产方式和污染产品可以在世界范围内自由移动。主要表现在：第一，污染产业的转移。一些发达国家因为受制于本国严格的环境法规和标准，会将因严重污染环境而被本国禁止或淘汰的非环境友好型技术、工艺、设备通过直接投资的方式转移到环境法规和标准较低的发展中国家或地区，使这些发展中国家或地区成为污染的庇护所。第二，危险废物品及含有有毒成分或污染物品的货物贸易。发达国家从20世纪70年代开始向一些经济落后的发展中国家转移危险废弃物，经济合作与发展组织（OECD）国家每年大约有100万起越境转移废弃物的事件，数量约200万吨。绿色和平组织的调查报告显示，发达国家正以每年约5 000万吨的规模向经济落后的发展中国家转移危险货物。发达国家出口的废弃物含有大量有毒有害成分，进口国在回收或再处理利用的过程中，会使本国的生态环境恶化；含有有毒成分或污染物品的货物贸易，主要是指一些贸易产品本身包含有毒有害成分，如二噁英、农药超标、甲醛等。虽然国际上有很多关于危险品、有毒、有害物品和废物以及濒危物种运输和贸易的多边环境措施条约及协定,但现实贸易中大量存在的农药残留物、非环境友好型的包装材料等都对贸易国的环境带来了直接或间接的负面影响。

3.1.2.3 国际贸易运输大量增长产生的环境问题

随着贸易开放和经济一体化的发展,由于贸易商品从原材料的采购到生产、销售等各个环节都可以分别在不同的国家和地区进行,加上国际货物运输的便捷,由此造成了国际运输的扩张,而运输的扩张必然给环境带来不利的影响。据统计,每年因为油轮泄漏而流入海洋的石油大约150万吨,每年也大约有几十亿吨的废弃物由船舶倒入海洋,这些都严重破坏了海洋的生物资源而且产生了大量的污染。交通运输中化石能源的消耗,一方面减少了能源储量,一方面增加了二氧化碳和二氧化硫的排放,从而产生诸如温室效应、酸雨、空气和水污染等全球性环境问题。

3.1.2.4 贸易政策导致对环境资源的过度使用

发达国家海关税则中有关对工业制成品和初级产品由高到低的关税税率制度,鼓励发展中国家大力出口初级资源型产品,引起生产者过度开发森林及矿产等资源,而这从整体上严重危害了全球环境。至于以各种补贴形式表现的贸易政策在一定程度上扭曲了价格,对贸易和环境也会产生不良影响。比如,对渔业实行的补贴,使捕鱼的成本下降,导致过度捕捞问题的产生。对小麦的补贴使种植面积扩大,造成过度耕种、过度用水及化肥的过度使用等现象,从而增加对环境的伤害,造成环境的不可持续性。

由上述的分析可知,环境问题的产生原因在于贸易产品中没有真正反映出其全部的环境成本,没有将对环境的损害计算进去,环境成本的外部化导致了市场失灵以及政府干预失灵,造成了价格和贸易比较优势的扭曲。所以,必须将这些由于市场失灵及政府干预失灵导致的环境的外部性内部化,以促进资源的有效应用和环境的合理保护。在国际贸易中,如果考虑环境外部性和实行环境成本内部化将对国际贸易的福利效应产生重要影响。

3.2 考虑环境因素的贸易福利分析

从上一节的分析可知,国际贸易虽然并不是导致环境污染的根本原因,但是国际贸易确实通过商品的生产、流转和价格而间接地影响环境。在贸易与环境的关系问题上,需要了解一国的贸易开放对环境及对社会福利的影响。下面我们将从静态的角度分析小国的情形。①

假定一个经济体,其中产品的生产通过对自然环境的影响而对其他产品带来外部性,经济活动产生了生产的私人成本与社会成本之间的差异。对产权的界定不太清晰或存在将外部性内部化而产生的较高的交易成本,假定不考虑税收或补贴而带来的管理成本,转移政策的收入再分配效应也忽略不计,假定生产者、消费者和政策制定者都可以得到充分信息,对外部性或实际成本(或利润)有正确的估价。假设外部性是由生产活动本身产生的,对生产的税收或补贴等同于对外部性来源进行税收或补贴。开始时假设外部性产生于一种产品的生产中,这样没有影响其他市场的扭曲性政策。② 如图3-3,D和S线分别表示消费的边际私人利润和一种产品生产的边际私人成本。生产是具有污染性的,S_1表示生产的社会边际成本。价格轴表示经济中此产品相对于其他产品的价格。

在上述的假定条件下,在图3-3中,g是没有征收污染税和无国际贸易时的生产与消费的均衡点,净社会福利为ang与aeg区域的差。假定这个

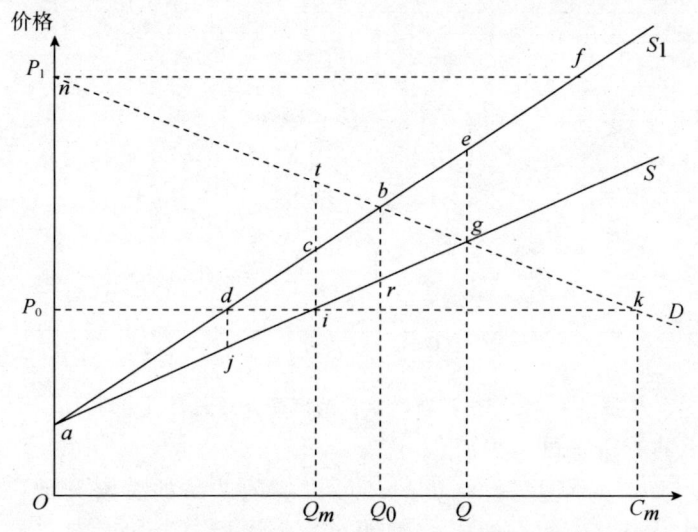

图3-3 生产过程有污染性的产品开放贸易(进口)

---

① 贸易与环境静态分析主要参考 Anderson K, Blackhurst R. "The Standard Welfare Economics of Policies Affecting Trade and Environment", In the Greening of World Trade Issues, London: Harvester Wheatsheaf, 1992.

② 为了简单起见,这里的外部性指的是污染,但分析对所有的外部性都是一样的。小国时,国际价格是给定的,忽略对外部世界的影响,也不考虑技术变动及要素的国际流动。

国家的经济政策发生了变化，从封闭经济政策转为开放经济政策，OP_0 为国际市场价格，在这个价格水平下，国内的生产降为 OQ_m，而消费为 OC_m，需要进口 Q_mC_m 单位的产品。净社会福利变为 $anki$ 与 aci 区域的差，所以开放贸易带来的福利收益为 $egkic$。贸易收益不仅是正的，也大于无负的生产外部性时的贸易收益（$egic$），即生产 Q_mQ 单位产出的私人成本和社会成本之差。这样，整个国家都是受益的。

另一方面在图 3-4 中，如果 OP_2 是国际市场价格，那么在自由贸易条件下，本国将出口 C_xQ_x 单位的产品。这时，净社会福利为 $awsi$ 与 afi 区域的差，所以贸易开放的福利，即 gsi 与 $egif$ 区域的差，可能是正的也可能是负的，这决定于从出口贸易中的所得与由于增加单位 QQ_x 的生产而带来的环境损害的大小。

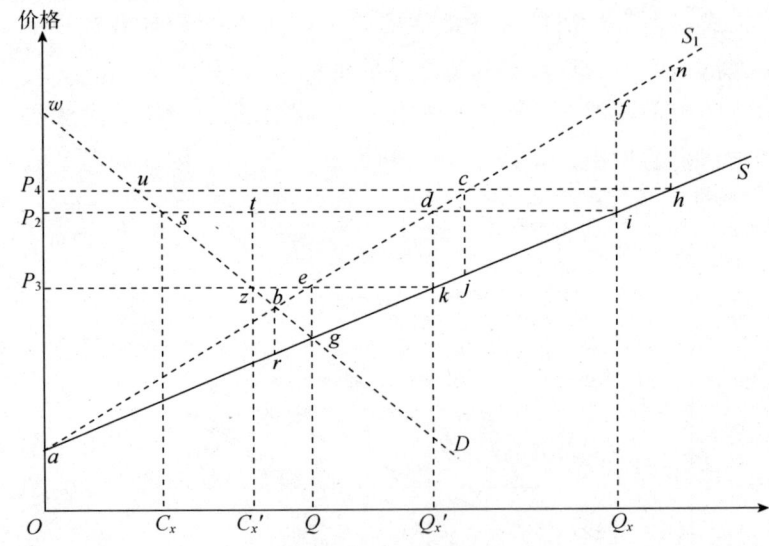

图 3-4　生产过程有污染性的产品开放贸易（出口）

从以上的分析中可以得出：

第一，一国（小国）将有负的环境影响的产品的贸易开放，如果它进口这种产品，国家的福利将会得到改善。如果它是这种产品的出口国，从贸易带来的收益中要减去环境损害，国家的福利结果是不确定的。因此，污染型产品的贸易开放可以改善小国的环境（如果本国进口这种产品）。但是如果小国出口这种产品，本国环境将会恶化，国家的福利在无污染税时可能提高，也可能降低。

第二，如果小国将贸易政策与环境政策干预结合起来，采取征收税、费或制定相应的法规或改变产权等方法使环境的外部性内部化，最优政策就是在生产的社会边际成本等于社会边际收益时的产出上，生产税等于 S 和 S_1 之间的垂直距离。在封闭情况下，最优干预是对每单位产出征税 br，这时的产出是 OQ_0 而不是 OQ（图 3-3）(beg 区域表示 Q_0Q 单位产出的成本与收益之间的差）。在自由贸易下，如果 OP_1 为国际市场价格，最优生产税为 dj（图 3-3）或 dk（如果 OP_2 为国际市场价格，图 3-4），这两种情况相对于不征收污染税时均是对生产产生的限制，因此改善了环境及增加了福利。例如，生产将从 OQ_x 下降到 OQ_x'（图 3-4），社会福利的改进为 dif。在这一最优的环境政策下，开放贸易将会获得收益，如果产品是进口的，收益为 dbk，如果此产品可以出口，则收益为 bsd。如果在贸易自由化之前没有最优污染政策，改革获得的利益将会更大，为 beg。就是说，即使在出口的情况下，只要小国采取了最优的环境政策，它肯定可以从贸易中获得收益。

在没有环境政策干预时，出口者的贸易自由化的收益将会更高，为 beg。因此净出口者有放弃环境政策干预的动机，因为从贸易中获得的收益有可能因为环境政策干预导致的生产的下降而减少，可以说环境政策干预降低了出口国家出口商品的竞争力。但是在没有干预时，净的福利损失更大，扩展出口能否改善福利是不确定的。

第三，假设不使用控制污染的环境政策进行干预，而是采用贸易政策工具比如出口税，这种情况下比采用有管理成本的最优环境政策时的效率要低。从图 3-4 中可以看出，出口税 dk 将降低生产者的价格，消费者支出 P_3P_2，出口从 C_xQ_x 降为 $C_x'Q_x'$，这样可以保证生产的社会边际成本降低到边际收益水平上（国际市场价格 OP_2），生产方面的福利收益等于生产税，即 dif。但是出口税使消费者的所付价格低于机会成本 OP_2，额外的 C_xC_x' 单位的消费产生的净福利损失为 szt。这种次优的政策工具的使用会使环境恶化降低的速度与采用生产税一样，但比采用最优污染税时的成本要高。如果 szt 大于 dif，次佳政策工具将比没有干预时更糟，尽管生产下降到 OQ_x' 已经降低了环境恶化的速度。因此，贸易政策工具的采用可以在一定程度上降低环境恶化的速度，但是它相对于对污染源直接征税，其对福利的改善程度要低，也很有可能使福利更加恶化。

在大国的情况下，贸易开放和环境政策可能影响到世界价格，所以图中的价格线不再是水平的。大国的环境政策和污染活动将会给世界带来影响,并最终对本国的市场和福利产生影响。最后,大国的政策变动对其他国家也会有一定的主导和示范作用。

总之,从静态角度分析看,当不采取任何措施控制环境外部性时,贸易开放的福利影响是不确定的。然而,如果环境的外部性大多被国家适当的环境政策而内部化,那贸易开放和环境作用的结果对福利的影响总的来说是正的。①

3.3 贸易开放碳排放效应理论模型

本部分通过借鉴科普兰和泰勒(Copeland 和 Taylor,2003)构建的环境污染供给与需求的一般均衡模型,将其运用到碳排放效应的分析上,并对其进行扩展,引入全球生产网络效应与外商直接投资,在此基础上构建一个融入产品内分工的全球生产网络视角的并考虑外商直接投资的碳排放模型。

3.3.1 基本设定

假定有两种商品 X 和 Y,X 的生产过程产生碳排放,而 Y 的生产无任何碳排放。在小国假定下,相对价格既定,令 Y 为计价标准,即 $P_Y=1$,X 的相对价格是 P。使用两种基本要素,资本(K)和劳动(L),市场回报率分别为 r 和 w,两种要素的供给都缺乏弹性,X 是资本密集型商品,Y 是劳动密集型商品,因此 X 的资本劳动比率高于 Y,即 $K_X/L_X > K_Y/L_Y$。假定碳排放不具有外部负效应,不计消费过程中产生的碳排放,生产规模技术报酬为常数。Y 的生产函数为:

$$Y = H(K_Y, L_Y) \tag{3-1}$$

假设 H 为单调严格凹函数。可以将 X 行业产生的碳排放 Z 看成是除了商品 X 以外的第二种产出,由于企业可以自主进行减排活动,因此排放强度是个选择变量。假设企业将投入的一部分用于碳排放治理,这部分投入的比例为 θ,那么 θ 的增大会减少碳排放但会占用商品 X 的投入。

$$X = (1-\theta)F(K_X, L_X) \tag{3-2}$$

$$Z = \varphi(\theta)F(K_X, L_X) \tag{3-3}$$

---

① 陈建国. 贸易与环境:经济・法律・政策 [M]. 天津:天津人民出版社,2001.

F 是单调线性齐次凹函数，$0 \leqslant \theta \leqslant 1$，$\varphi(0)=1$，$\varphi(1)=0$，且 $d\varphi/d\theta<0$。

如果 $\theta=0$，说明企业没有进行减排，我们可以把 $F(K_X, L_X)$ 看成是可能的潜在产出，即不存在污染治理时 X 的产出。则有：

$$X = F(K_X, L_X) \tag{3-4}$$

$$Z = X \tag{3-5}$$

如果企业选择 $\theta>0$，则部分资源被用于碳排放治理。如果 X 行业的这部分投入为 (K_X, L_X)，则有 θK_X 单位的资本和 θL_X 单位的劳动力被用于碳排放治理。同理，可以把 $F(K_X, L_X)$ 看作企业的总产出或潜在产出，且把其中的 θ 部分投入碳排放治理。这样企业能够用于消费或者出口的净产出就是 $(1-\theta)F(K_X, L_X)$。

我们为碳排放治理引入如下函数形式：

$$\varphi(\theta) = \frac{1}{T}(1-\theta)^{1/\alpha}, 0<\alpha<1, \text{其中 } T \text{ 表示生产技术。} \tag{3-6}$$

由式 (3-3) 和式 (3-6) 可知：

$$Z = (1-\theta)^{1/\alpha} F(K_X, L_X)/T \tag{3-7}$$

则，

$$X = (TZ)^\alpha [F(K_X, L_X)]^{1-\alpha} \tag{3-8}$$

式 (3-8) 表明产品 X 可看作由碳排放 Z 和潜在产出 F 两种要素投入所生产的，且生产函数具有规模收益不变的特性，α 代表碳排放要素投入占生产总成本的份额。

3.3.2 成本最小化决策

假设企业每产生一单位二氧化碳所要付出的代价是 τ。那么，给定碳排放的价格 τ，以及资本和劳动力的价格（r 和 w），在企业面临成本最小化问题时，首先会减少生产潜在产出 F 的成本，因为规模报酬固定，所以潜在产出的单位成本固定，以 c^F 表示，企业会找出最有效率的技术来开展生产。

$$c^F(w,r) = \min_{\{k,l\}} \{rk + wl : F(k,l)=1\} \tag{3-9}$$

总成本为 $c^F(w, r)F$，接下来，企业只要确定净产出的单位成本函数（以 c^X 表示），就能够确定采取多少碳排放治理行动。同理，由于规模效应不变，必然能够确定单位净产出的有效生产技术。企业通过衡量增加碳排放所需要付出的代价与减少潜在产出所需要付出的成本孰轻孰重,就能够确定一种成本最优的生产技术。规范地说,就是企业需要解决如下成本最小化问题:

$$c^X(w,r,\tau) = \min_{\{Z,F\}} \{\tau TZ + c^F(w,r)F : (AZ^a)F^{1-a} = 1\} \quad (3\text{-}10)$$

图 3-5 显示了上式的解。

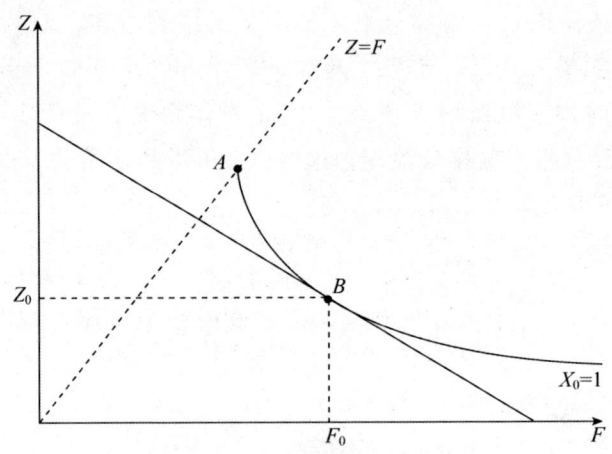

图 3-5　X 产业成本最小化

在成本的最小化的约束下,要求出单位净产出碳排放的最优值可由一阶条件得:

$$\frac{AZ}{F}\frac{(1-\alpha)}{\alpha} = \frac{c^F}{\tau} \quad (3\text{-}11)$$

3.3.3　碳排放的决定

由式 (3-8) 线性同次性质,必定有

$$P_X X = c^F F + \tau TZ \quad (3\text{-}12)$$

P_x 为产品 X 的价格,利用式 (3-11) 和式 (3-12) 可得单位净产出的碳排放,以 e 表示,即:

$$e \equiv \frac{Z}{X} = \frac{\alpha P_X}{T\tau} \leqslant 1 \quad (3\text{-}13)$$

式 (3-13) 表明碳排放强度与其技术水平 T 和碳排放成本 τ 负相关,而与产品价格 P 正相关。一旦确定了碳排放的强度,经济体系中总的碳排放量就可以确定，即：

$$Z = eX/P_X = e\varphi_X S/P_X \qquad (3\text{-}14)$$

其中，φ_X 为碳排放产品份额，S 为经济规模（$S=P_X X + P_Y Y$），P_Y 为产品 Y 的价格。

将式（3-13）代入式（3-14）后两边取对数得到：

$$\ln Z = \ln\alpha + \ln S + \ln\varphi_X - \ln T - \ln\tau \qquad (3\text{-}15)$$

1. 规模效应。式（3-15）中，$\ln S$ 反映的是贸易开放碳排放的规模效应。规模效应是指贸易规模的扩大客观上要求投入更多的资源、能源到产品的生产上，这当然会增加对能源的大量消耗，进而导致碳排放量的增加。如果经济结构和生产技术水平不变，且又缺乏有效的政策法规的监管，环境质量水平将会降低，这时，贸易开放碳排放的规模效应就是负的。然而要注意的是，经济规模的扩大同样可以产生缓解环境压力及减少碳排放的间接效应。一方面，经济增长能够带来收入水平的相应提高，而环境质量一般具有收入弹性，因此收入水平的提高即意味着对清洁环境需求的相应增加，这有助于国家制定有利于减排的更为严格的政策法规；另一方面，经济增长也意味着政府满足环境保护资金需要的能力也相应提高，从而能够大量增加对清洁环境的技术投入，适用更为严格的政策法规。意愿与能力的协同提高导致的经济规模的扩大并不必然带来环境质量的恶化。

2. 结构效应。式（3-15）中，$\ln\varphi_X$ 反映的是贸易开放碳排放的结构效应。Copeland 和 Taylor（2003）提出"贸易开放可以导致对外贸易商品结构的变化，进而导致总体经济结构的改变。"[①] 随着贸易开放程度的深入，国际间的分工也日益深化，而基于比较成本优势的全球分工格局的安排对气候变化可能会产生比较复杂的影响。结构效应产生于贸易开放条件下的专业化分工，是指由贸易开放促进经济增长后的产业结构重新布局对二氧化碳排放的影响。贸易壁垒的降低会使相关贸易商品的价格发生变化，而贸易商品价格的变化会导致生产要素在不同产业间的重新配置，结果会使具有比较成本优势的出口贸易部门的生产规模相应扩张，而其他生产部门的生产规模则相应收缩，这种变化对二氧化碳排放的影响就取决于扩张的

---

① COPELAND B，TAYLOR M. Trade and the Environment: Theory and Evidence [M]. Princeton NJ: Princeton University Press，2003.

出口贸易部门和收缩的其他生产部门所产生的二氧化碳排放的变化量。如果这种专业化生产的改变是倾向于碳密集型，那么贸易使得该国的高碳排放产业规模扩张和速度提高，从而导致更多的二氧化碳排放，即对碳排放的影响是负面的；反之则减少二氧化碳排放，即对碳排放的影响是正面的。最后的结果决定于世界范围高碳排放产业在各个国家扩张和收缩的程度比较。一般来说，在一国经济发展的初期阶段，贸易开放会引起本国的产业结构向着碳排放加重的方向移动，而随着这个国家经济发展水平的不断提高，贸易开放则会导致其产业结构日益向着碳排放不断降低的方向移动。Grossman 和 Krueger（1991）、Rauscher（1991）、Runge（1993）、Stevens（1993）、Lopez（1994）、Panayotou（2000）、Copeland 和 Taylor（2003）等都有类似的研究结论。但是从现有的文献来看，在分析贸易对碳排放影响的结构效应时，大多都忽略了当前新型国际分工模式下贸易增长对碳排放的影响。而目前在全球化进程中，以全球生产网络（Global Production Network）为载体的产品内分工已然成为世界新的国际分工模式，在生产领域，一件产品往往不是在一个国家内完成，而是按照比较优势和要素禀赋配置在多个国家制成，因此形成了国际垂直分工体系（也称作产品内分工的新型国际分工）。对于发展中国家来说，融入全球生产网络下的产品内分工体系当中，其比较优势可能不再局限于传统的碳密集型产业，还可能会体现在某些层次结构更高的产品生产阶段上，如计算机等高科技产品，参与产品内分工所进行的生产环节的生产可能是相对清洁的。所以在分析结构效应时，除了应该考虑传统的产业结构因素外还应考虑当前新型国际分工模式下全球生产网络的影响。因此本书认为应对原有的结构效应进行分解，考虑新的国际分工模式下的全球生产网络效应。

3. 技术效应。式（3-15）中，$\ln T$ 反映的是贸易开放碳排放的技术效应。"国际贸易能够影响技术水平。竞争的压力和新技术的溢出效应促使国内企业不断提高生产技术水平，从而降低了污染排放强度。"[①] 技术效应是指由对外贸易所引起的生产技术水平的变化对二氧化碳排放的影响程度，其主要通过两条渠道实现：一是贸易开放有利于获得规模经济，激励自主创新，促进先进的生产技术的采用，以促使环境资源损耗的不断减少；二

---

① 何洁. 国际贸易对环境的影响：中国各省的二氧化硫（SO_2）工业排放［M］. 经济学（季刊），2010（1）：415-443.

是贸易开放能够有利于环境友好型生产技术的引进和技术溢出效应的产生，从而可以提高本国生产过程中的技术应用水平，使单位产出的环境损害降低。据有关研究表明，全世界大约有90%的环境或气候友好型产品生产都分布在经济合作与发展组织成员国中，且与气候相关的技术创新也都集中在这些国家。通过贸易开放可以促进发达国家向发展中国家转让它们的清洁生产技术，且能促使这些清洁生产技术在更大范围的推广利用，达到与发达国家靠拢的先进环境标准，从而实现在共同降低二氧化碳排放这一全球责任问题上达成一致。因此，贸易对碳排放的技术效应是正向的。同时因为考虑到外商直接投资在清洁生产技术的引进和溢出中发挥了重要的引领作用，所以在分析技术效应时应考虑外商直接投资这个因素。

4. 规制效应。式（3-15）中，$\ln\tau$ 反映的是贸易开放碳排放的规制效应。政府政策在环境保护、资源开采、能源利用过程中的作用是至关重要的，政府政策的监督、引导与激励作用能够提高资源、能源利用效率和改善环境质量。贸易开放的规制效应也称法规效应，应由以下两个方面引起：①为配合因为贸易促进的经济增长而改善的环境标准及其执行情况以及由于贸易的压力造成的对现有环境制度措施的改变。一方面，因为贸易开放引起的经济增长而使环境标准提高；另一方面，也有可能造成一些国家由于害怕失去出口、就业或者吸引投资的国际竞争力，从而通过采取较低的环境标准故意选择接受更多的环境污染，使环境质量不断地下降。而且，由于害怕实施了比其他国家更严格的环境规制后丧失竞争力，这些国家会减缓实施更为严格的环境标准。这种现象被称为"规制冷战"。[①] 对于此点，世界银行基于100多个国家的相关数据研究表明，在经济增长和环境规制之间存在着正向的效应。②各种贸易协定中的环境制度。对于这一点，北美自由贸易协定的经验表明，贸易开放是环境标准和其执行程度提高的催化剂。因此，与环境有关的国家法律措施、财政措施和进出口贸易措施等都会受到贸易开放程度的影响，多边贸易体制鼓励使用国际标准，允许高水平的环境保护，如北美自由贸易协定中就涉及了环境投资、环境合作、环境争端解决等环境条款；欧盟也规定了"环境政策目标"，非常明确地提出了可持续发展的目标。随着越来越多的关于环境措施的各种贸易协定的贯

---

① 例如，OECD国家曾经不愿意实施环境税制以及温室气体的减排措施，在一定程度上就是担心失去竞争力，从而对本国乃至世界的环境造成了影响。

彻实施，全球总体的环境水平将会提高。

图 3-6 为贸易开放碳排放效应的影响路径。

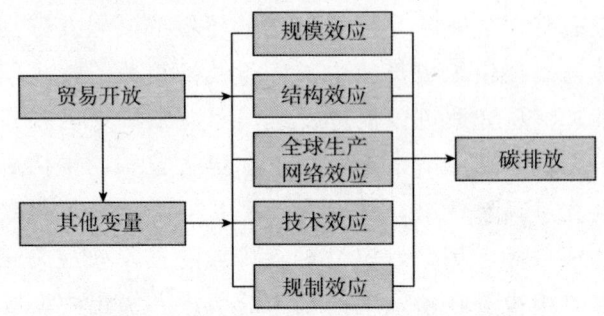

图 3-6　贸易开放对碳排放影响的路径

基于以上分析，式（3-15）可写成如下形式：

$$\ln Z = \ln\alpha + \ln TRADE + \ln GPN + \ln IS - \ln RD - \ln FDI - \ln \tau \quad (3\text{-}16)$$

lnTRADE 表示贸易规模；lnGPN 表示全球生产网络效应；lnIS 表示产业结构；lnRD 表示研发水平；lnFDI 表示外商直接投资；$\ln\tau$ 表示规制效应。

3.4　环境库兹涅茨曲线

虽然我们的整体目标是要考察国际贸易与碳排放之间的关系，但经济增长在这一过程中起着核心作用，因为贸易—增长—碳排放的逻辑是众多环境经济学家最为担心的因素之一。

3.4.1　贸易是经济增长的引擎之一

从经济增长的因素来看，经济增长最基本的引擎因素是物质资本、人力资本和技术的投资，而投资的质量又受到多种因素的制约，如贸易体系的开放程度，金融部门对储蓄资金分配的有效性，宏观货币稳定程度，法律制度的完善程度，劳动力素质高低，基础设施完善程度，等等。就贸易体系而言，它主要通过以下两个渠道促进经济增长：①通过国际贸易传导世界市场的价格信号，从而可以有效地配置各种生产资源。但如果存在国际贸易壁垒则会扭曲价格信号，从而可以影响有限的投资资金的分配效率。②通过国际贸易可能获得较多的先进的技术，而且可以尽快地实现新的技术在国内的传播。因此在其他条件基本相同的情况下，实行开放经济国家的经济增长速度一般要快于实行封闭经济国家的经济增长速度。

3.4.2 环境库兹涅茨曲线的理论解释

3.4.2.1 环境库兹涅茨曲线的提出

库兹涅茨曲线最早来源于 Simon Kuznets（1955），他认为"收入不平等在国家刚摆脱贫困时趋于严重，收入处于中等水平后趋于稳定，最后趋于平等。"随后，Grossman 和 Krueger（1991）在研究北美自由贸易区得失时，给出了各种有利和不利影响的相对强弱关系的证据。他们的实证结果表明，随着人均收入水平的上升，空气质量开始出现恶化，然而一旦人均国民收入超过 5 000 美元，空气质量就开始改善。环境与人均收入水平之间这种对应关系被称作为"环境库兹涅茨曲线"（Environment Kuznets Curve，EKC）。见图 3-7。如果坐标纵轴表示环境污染程度，坐标横轴表示经济增长，则污染排放量和经济增长（人均收入）水平之间存在着倒 U 形的关系。即随着人均收入水平的增加，污染排放量呈现出一个先增加后减少的变化趋向，也就是随着经济的增长和收入的增加，环境污染情况在初始阶段呈现一个逐步恶化的趋势，而当经济发展到一定程度时，这种环境污染的恶化程度也达到顶点，随后环境污染的程度将会逐步得到改善。如果这种对应关系是可靠的，而且还能够应用于其他领域的话，那么国际贸易所导致的实际收入水平的增长也许是有利于环境改善的。

继 Grossman 和 Krueger 之后，产生了大量关于环境污染与经济增长关系的研究，但大多数集中于对氮氧化物、二氧化硫等的研究（Shafik 和 Bandyopadhyay，1992；Selden 和 Song，1994，等等）。而选择二氧化碳作为环境污染指标的研究文献则相对较少，且研究结果也有很大差异。如 Shafik（1994）、Martin（2008）研究得出人均收入和人均二氧化碳排放呈单调递增的关系，而且不存在拐点。Selden（1995）、Panayotou 和 Sachs（1999）、Galeotti（2006）等研究表明人均收入和二氧化碳排放呈 U 形。但他们得出的拐点处所对应的人均收入却有很大差别。Moomaw 和 Unruh（1997）、Friedl 和 Getzner（2003）研究发现两者呈 N 形。而 Lantz 和 Feng（2006）的研究却发现二氧化碳排放量与人均国内生产总值不相关。

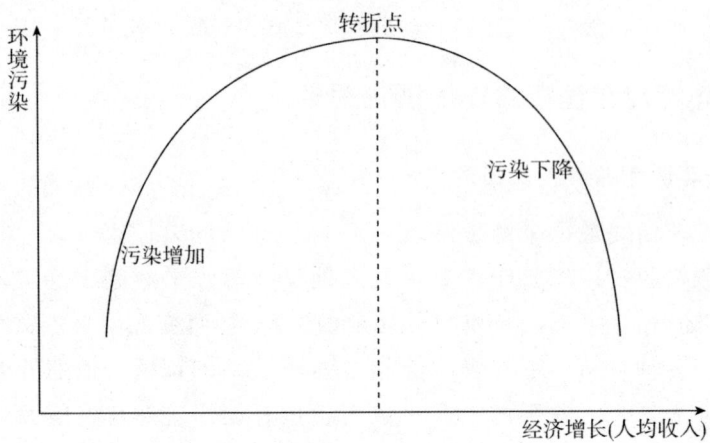

图 3-7 倒 U 形的环境库兹涅茨曲线

3.4.2.2 环境库兹涅茨曲线的理论解释

下面借鉴 Copeland 和 Taylor（2003）给出的四种有关环境库兹涅茨曲线的可能的理论上的解释，尽管每一种解释都是把实际人均收入水平与环境污染水平联系在一起，但是对于环境库兹涅茨曲线的形成机制它们是各不相同的。

1. 结构效应论。经济发展中的结构变动可以解释环境库兹涅茨曲线。收入与污染之间的关系可能与收入本身无关，而只是反映了当一国越来越富有时所发生的结构变动。经济增长是一个持续的转换过程，在这个过程中，一些部门不但会相对地萎缩，而且在绝对量上也会下降，而其他的部门则会扩展。标准的发展过程应该是这样的，开始时，一个经济是以农业为主，如果这一国家的自然资源丰富，下一步将开采自然资源且进行加工。这一过程是在世界市场对自然资源的需求条件下产生的，外国直接投资便利了这一过程。在此基础上一国经济转向最基本的制造业，如纺织业和服装业。最后阶段是后工业化社会阶段，主要是高技术产业和服务业。如此的发展进程将会不断地改变这一国家的产业结构及产业的污染密集程度。

结构变动是由许多因素造成的，其中包括贸易开放。贸易开放改变世界生产格局，间接地影响污染。从某个国家来讲，如果基于比较成本优势而扩展的出口行业的污染密集程度小于进口竞争行业的污染密集程度，那将会对当地的环境产生有益的影响。由于一国出口，另一国将进口，所以不可能所有的国家均只生产清洁产品。所以国际贸易使本来是局部的污染问题拿到国际上去解决,从传统上在污染产业上没有比较优势的国家转移到在污染产业上有比较优势的国家。

从结构变动的角度来看待环境库兹涅茨曲线,一些发达国家已经越过了转折点的部分,原因是这些发达国家的一些污染密集型产业发生萎缩。也有观点认为发达国家污染路径超过转折点的部分原因是污染产业转移到了经济落后的发展中国家,但这方面的证据很不充分。如果这种解释成立的话,即收入和污染关系表现为曲线的下倾部分是因为污染出口,那么,环境改善的过程不可能无限复制,因为世界最穷的国家不再可能向比它更穷的国家出口污染产品。较高收入的发展中国家也有可能超越环境库兹涅茨曲线的顶部,但最穷国则可能永远摆脱不了污染产品的生产,所以倒 U 形的污染路径对落后国家是难以成立的。同样,环境库兹涅茨曲线对于世界这一整体可能也不成立,因为整体世界不可能与单个国家的产品组成情况相似。世界上只要存在着对环境污染产品的需求,就会有环境污染产品的供给,尽管生产地点会随着比较成本优势的变化而不断进行转移。①

2. 收入效应论。收入效应论认为,随着收入水平的上升,一个经济体对环境质量的要求会发生变化,如果环境质量是一种正常商品,那么环境污染排放水平可能在开始阶段上升,但会随着收入水平的持续上升而下降。如果因为收入的增加使对环境质量需求提高的增长速度快于对其他产品需求的增长速度,可能产生倒 U 形的变化路径。在经济落后的发展中国家,政府面临的首要问题是解决人们的基本温饱问题,而且由于国家资金非常短缺,很难在环境保护方面动用较多的资金。在此情况下,通过牺牲环境质量来保证人们的基本人均收入水平将难以避免。而当收入提高到一定水平时,人们对环境质量水平的要求也会随着提高,此时国家就有能力并且人们也愿意用一部分的消费来换取对环境资源的保护,从而可以引起环境污染水平的下降。因此,对环境质量的需求收入弹性是使污染路径向下转折的要素之一。

这一理论虽然在很多的研究文献中经常被提到,但在完整的一般均衡模型中却少有清楚的阐述,而 Lopez（1994）较早明确地强调环境质量的非同次位次偏好在解释环境库兹涅茨曲线中的作用,他从收入水平的角度解释了环境库兹涅茨曲线的倒 U 形形状,认为增长和污染之间的关系取决于

---

① 陈建国. 贸易与环境:经济·法律·政策［M］. 天津:天津人民出版社,2001.

产品中一般要素与污染要素的替代弹性和收入效用的相对曲率。一般要素与污染要素之间的替代弹性越低、收入效用的相对曲率越小时,环境污染程度越随着收入水平的上升而提高。由此可以解释收入水平和环境污染之间的倒 U 形环境库兹涅茨曲线。

3. 门槛效应论。利用门槛效应模型解释 EKC 的学术文献较多,这些模型要么基于污染治理门槛,要么基于污染排放政策门槛。前者可见 John 和 Pecchenino(1994)、Stokey(1998)等的文献,后者则由 Jones 和 Malluelli(1995)提出。一般而言,门槛效应可能导致污染排放与收入之间的关系在经济发展的早期和后期存在非常明显的差别。在经济发展的早期,污染排放可能根本就不受监管,或者即使有,对污染治理盈利性的影响也微乎其微。结果,在经济发展的早期,污染排放随着产出的增加而不断上升。但是当收入水平足够高时,环境污染治理行动开始出现,环境污染排放水平可能随着收入的进一步增长而出现下降。门槛效应模型往往需要消费者偏好或者生产技术符合一定的假设条件,以确保政策或治理门槛被突破之后,随着环境监管政策或者污染治理措施开始实施,污染排放水平能够随之下降。基于门槛效应和收入效应的 EKC 解释具有高度的相似性。两种都高度依赖于经济发展过程污染排放政策能够对收入的变化做出强有力的响应。但是两者对污染水平上升阶段的解释明显不同。前者认为,在该时期,即使污染排放政策逐步加强,私人部门也不会有污染治理行为出现;而后者认为,随着污染排放政策趋于严格,污染治理强度将逐步加大。

(1)污染治理门槛。它是基于 Stokey(1998)的研究,假定一个国家专门生产污染性的产品,污染水平与产出量之间是呈正比的关系,但是影响污染的技术因素会降低污染水平与产出量之间的比例。在收入水平较低的阶段,因为污染税率很低,所以厂商不必担心支付消除污染的费用,因此会采用"非清洁"的技术手段进行生产,这样污染水平会随收入水平的提高而上升。当收入水平超过一定门槛后污染税也会随之提高。由于厂商所要支付的消除污染的费用增加,所以不得不考虑使用更"清洁"的技术方法进行生产,此时污染水平随收入的提高而下降,从而解释了环境库兹涅茨曲线的倒 U 形形状。但是这个模型并不适用于两种或两种以上的产品模型,因为在多产品模型中,当一种产品的污染税提高时,会引起厂商转而生产另一种污染水平较低的产品,以致其所带来的结构效应抵消了污染产品的规模效应。

（2）政策门槛。政策效应论认为，即使在收入水平非常低的情况下，政府仍然有能力利用环境政策影响企业的经济行为，从而对污染排放水平产生影响。因此，很有可能并非是企业的污染治理行为，而是政府的环境政策本身形成了门槛效应。这就是说，收入水平很低或者环境污染问题并不严重都有可能使得政府认为，根本不值得建立环境监管机构对环境污染进行监管，而这可以为倒 U 形环境库兹涅茨曲线提供一个基本的解释。Jones 和 Manuelli（1995）假设在环境问题不严重时，政府不参与对环境的管理，此时污染随收入水平的增加而增加。而当污染水平达到一定高度时，一旦国家采取环境政策对污染进行治理，那将会使得污染水平和收入水平均下降，但是由于产出是不断增加的，所以实际收入仍然会继续增加，但污染水平会下降。政策效应论要求对于收入水平的提高，政府有很强的政策反应，只有这样才能确保在收入突破一定门槛以后，污染排放水平持续下降。

（3）两种效应的比较。两者都认为，在初始阶段企业不存在污染治理行动，随着污染治理行动的出现，污染排放水平开始下降。但是，政策门槛效应认为，除非收入达到了足够高的水平，否则环境监管政策不会出现；而在污染治理门槛模型中，环境监管政策则自始至终存在。因此在政策门槛模型中，政策门槛被突破以后，污染排放水平呈现了离散型的下降，而在污染治理模型中，污染排放水平的下降则是平滑的。两种模型的另一个重要的区别在于，政策门槛模型可以推广到多种产品的模型中，而污染治理门槛模型则不可。在政策门槛模型中，由于污染监管固定成本的存在，排除了环境污染监管政策在低收入阶段存在的可能性。所以，即使存在多种产品，除非政策门槛被突破，否则，由于收入增长而引起的规模效应不会被结构效应和技术效应所抵消。而在污染治理门槛模型中，由于多种产品的存在，收入增长引发的污染排放税上升，会导致结构效应，以致抵消经济增长引起的规模效应。[①]

4. 技术效应论。除了收入因素之外，降低污染的技术水平的提高可以使污染不会增加，且会随着收入水平的增加而使污染水平降低。假设对环境质量的需求独立于收入，那只有当降低污染的技术规模收益递增时，

[①] 布莱恩·科普兰，斯科特·泰勒尔. 贸易与环境——理论及实证［M］. 上海：格致出版社，2009.

EKC 曲线才会表现为倒 U 形，即降低污染的单位成本随着生产规模的增加而降低。相反，当规模收益递减时，则呈 U 形，而当规模收益不变时，是一条上倾的斜线。

Andreoni 和 Levinson（1998）以降低污染技术的特点为例，分析环境库兹涅茨曲线的形状。

假定经济系统中只有一个人，消费一种私人产品 C 及污染 P 来满足其效用，效用函数表示为：$U=U（C，P）$，$U_C>0$，$U_P<0$。假定污染是消费的副产品，消费者投入一定的资源 E 用于降低污染水平，所以污染函数 $P=P（C，E）$，$P_C>0$，$P_E<0$。假定要素禀赋中只有 M 部分能用于 C 和 E，资源约束 $M=C+E$。

考虑一个简单情况：

$$U = C - nP \tag{3-17}$$

$$P = C - C^\alpha E^\beta \tag{3-18}$$

式（3-17）的效用是线性的，$n>0$ 表示污染的正边际效用，式（3-18）中污染由两部分组成，C 表示污染与消费成正比，$C^\alpha E^\beta$ 表示对污染的治理，式（3-18）说明消费引起污染，用于环境治理上的资源以标准的凹生产函数方式降低污染。

当 $n=1$ 时，在资源约束下实现效用最大化，得到消费和污染治理上的投入分别为：

$$C^* = [\alpha/(\alpha+\beta)]M, \quad E^* = [\beta/(\alpha+\beta)]M \tag{3-19}$$

此时最优污染量为：

$$P^*(M) = [\alpha/(\alpha+\beta)]M - [\alpha/(\alpha+\beta)]^\alpha [\beta/(\alpha+\beta)]^\beta M^{\alpha+\beta} \tag{3-20}$$

环境库兹涅茨曲线的斜率为：

$$\partial P^*/\partial M = \alpha - (\alpha+\beta)[\alpha/(\alpha+\beta)]^\alpha [\beta/(\alpha+\beta)]^\beta M^{\alpha+\beta-1} \tag{3-21}$$

当 $\alpha+\beta=1$ 时，降低污染的规模收益不变，$\partial P^*/\partial M$ 为常数。

当 $0\leqslant\alpha，\beta\leqslant1$ 时，P^* 随着 M 的提高而上升，收入污染曲线向上倾斜，如图 3-8（a）。

当 $\alpha+\beta\neq1$ 时，

$$\partial^2 P^*/\partial^2 M = (\alpha+\beta-1)(\alpha+\beta)[\alpha/(\alpha+\beta)]^\alpha [\beta/(\alpha+\beta)]^\beta M^{\alpha+\beta-2} \tag{3-22}$$

当 $\alpha+\beta<1$ 时，降低污染的技术规模收益递减，收入污染曲线如图 3-8 (b) 所示。

当 $\alpha+\beta>1$ 时，降低污染的技术规模收益递增，收入污染曲线如图 3-8 (c) 所示。

当 $n\neq 1$ 时，结果不会改变。当且仅当降低环境污染的技术规模收益递增时，最优环境污染收入曲线呈现倒 U 形，此时有：

$$C^* = [\alpha/(\alpha+\beta)]M + (1-n)/[n(\alpha+\beta)C^{\alpha-1}(M-C)^{\beta-1}] \quad (3-23)$$

当 $n<1$ 时，C^* 较大，在每一收入水平上的污染较大。如果 $n>1$，污染的负效用较高，因此 C^* 和 P^* 变得较小。虽然 C^* 和 P^* 的绝对值随 n 而变化，但倒 U 形曲线的形状不会改变。

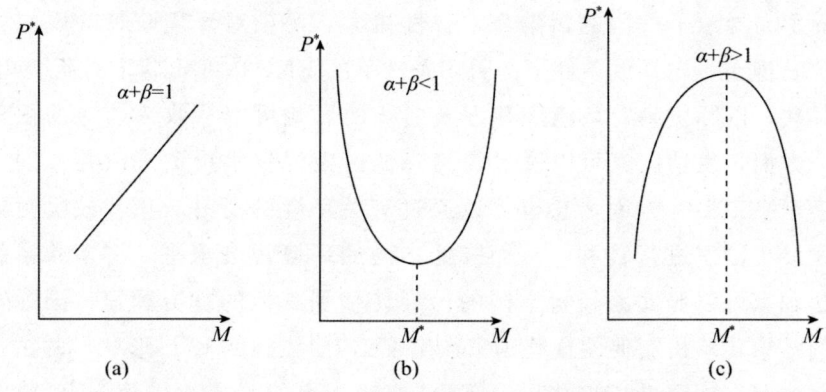

图 3-8 技术、经济增长与污染的关系（环境库兹涅茨曲线）

所以经济发展水平与污染排放量的关系类型取决于消费与环境污染之间的技术关系。消费产生污染，消费者面对这样一种替代选择：牺牲一部分消费，而从资源中拿出一部分用于降低污染的技术投入。当降低污染的技术呈现规模收益递增时，收入较高的国家相对于收入较低的国家更易达到低污染状态且能满足高消费的需求。当降低污染技术要求一次性投资或者较低的边际成本技术则要求较高的固定成本投入时，消除污染的技术有收益递增的特性。这会使低收入国家没有办法负担投资的低收益，而转向使用较低固定成本、较高边际成本的技术，富有的国家却有能力使用较高固定成本、较低边际成本的技术。由于降低污染会涉及不同的技术，因此只有在污染治理技术规模效益递增的情况下，EKC 的形状才会呈现倒 U 形；相反，在规模效应递减的情况下，EKC 呈正 U 形；而当规模收益不变时，是一条上倾的斜线，即在所有的人均收入水平上都会表现为上升的趋势。①

3.4.2.3 国际贸易对环境库兹涅茨曲线的影响

首先，国际贸易提供了降低本国污染水平的一条途径，从而影响本国EKC曲线的形状。在封闭经济的条件下，厂商只能通过清洁技术的研发及采用来降低污染水平以避免负担更多的消除污染的费用或支付高额的污染税。而在开放经济条件下，由于国际贸易的存在，使得厂商在本国污染税很高时，可以选择从国外进口污染密集度较高的中间产品或最终产品，尤其是在生产过程中会产生较大污染的产品，从而节省了对清洁技术的研发所增加的额外成本，为厂商提供了降低污染的另一个可操作性的途径。因此国际贸易导致了一国的污染需求弹性更大，污染对环境政策的反应更加灵活，表现在一国开放条件下与封闭条件下的EKC曲线形状上有所变化。

其次，国际贸易对环境库兹涅茨曲线的影响可以从收入效应的视角分析。一方面，发达国家可以通过提高降低污染的技术投资来改善本国的环境污染水平；另一方面，它也可以通过有关环境的贸易政策，鼓励污染行业向发展中国家进行转移，从而降低本国的环境污染水平。许多富裕的经济发达国家可以照此路径将本国的污染转移到其他的贫穷国家，国际贸易引起的污染转移机制促使这些国家产生EKC曲线的倒U形形状，并由于国际贸易的存在而降低了这些国家EKC曲线拐点的水平。尽管EKC曲线表明，随着收入水平的提高，环境质量会先下降而后好转，即环境污染与收入水平呈倒U形关系，但从国际贸易视角来看，现在所看到的环境库兹涅茨曲线可能是国际专业化分工变化的结果，即落后的发展中国家集中于生产资源密集型和污染密集型的产品，而富裕的发达国家则可能会在不改变消费模式的条件下专业化生产清洁型的环境友好型产品。

最后，国际贸易将全球各国间的污染水平联系起来。国际贸易不仅通过对不同类型国家的环境污染产生不同的作用机制，从而改变一国的污染水平，它使得富国的污染水平有下降的趋势，穷国的污染水平有上升的趋势。而且由于国际贸易的存在，使得各个国家间的污染水平不再是相互独立的某一国家所要面临的问题，而是将各国的污染问题通过国际贸易相互

---

① 陈建国. 贸易与环境：经济·法律·政策［M］. 天津：天津人民出版社，2001.

联系起来，成为世界需要共同面临和相互协商才能解决的问题。正像世界贸易组织（WTO）对贸易和环境问题的分析认为，贸易与环境问题不仅是WTO成员方所要面对的，更是国际组织所要重点考虑的一个基本问题。因此，国际贸易对各国环境污染水平的影响，也体现在各国环境库兹涅茨曲线的形成机制及表现形式上会更加复杂。

因为贸易开放和经济增长、经济增长和环境污染之间的关系，在研究贸易开放的碳排放效应时，不能不考虑经济增长对二氧化碳排放的作用，而环境库兹涅茨曲线会是一个有效的工具，本书在后面的章节将建立包含人均收入二次项的非线性方程，并以此为分析框架来验证贸易开放的碳排放效应。

第4章 我国贸易开放与碳排放的关系

从前面的分析可知,贸易开放对一国的环境影响是不确定的。环境库兹涅茨曲线因国家的经济发展状况及所选择的污染指标不同而呈现出不同的形状,本书选择二氧化碳排放指标分别从全国、区域和行业等不同角度全面分析我国贸易开放影响环境的碳排放效应。分析结果将有助于我国综合考虑多方面的因素制定有效的二氧化碳减排政策。

为了分析贸易开放对我国环境影响的碳排放效应,本章首先利用我国1981—2010年的时间序列数据对我国贸易开放与二氧化碳排放两者的关系进行分析。

4.1 我国贸易开放与碳排放的描述性分析

4.1.1 我国贸易开放的现状

4.1.1.1 进出口贸易额快速增长

改革开放以来,中国的对外贸易飞速发展,贸易额从1981年的440.2亿美元上升到2010年的29 740亿美元,30年来增长了将近67倍。20世纪90年代以后,除1993年以外,其余年度全部为贸易顺差。目前中国已成为世界第一大出口贸易国与第二大进口贸易国。除少数年份外,绝大多数年份我国进出口贸易特别是出口贸易都保持着快速增长的趋势。见图4-1和附表3。

对外贸易规模特别是出口规模的持续扩大,是以国内生产的不断扩张为基础的,我国出口贸易仍以粗放型的外贸增长方式为主。我国多数产品是以价格低廉的优势参与国际市场竞争的,出口产品虽然种类和数量很多,但拥有自主知识产权、自主品牌的出口商品在出口总额中所占比例很低。"高投入、高消耗、低效益"仍是我国出口贸易的主要特征,这种状况无疑将加大对国内能源、资源的消耗,从而对我国环境造成很大的负面影响。

第4章 我国贸易开放与碳排放的关系

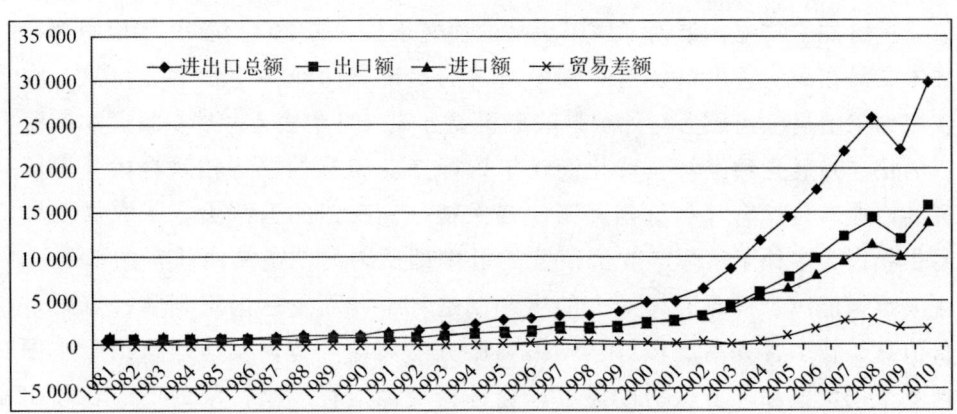

图 4-1　1981—2010 年我国的进出口额及贸易差额　单位：亿美元

数据来源：根据历年《中国统计年鉴》数据整理所得。

图 4-2 展示了 1981—2010 年我国出口贸易及进口贸易的增长情况。除少数年份外，我国进出口贸易规模都以两位数的百分率增长，特别是不少年份的增长率还超过了 30%。而且进出口贸易的变化趋势呈现出高度的一致性。这说明我国进出口贸易之间具有很高的相关性。

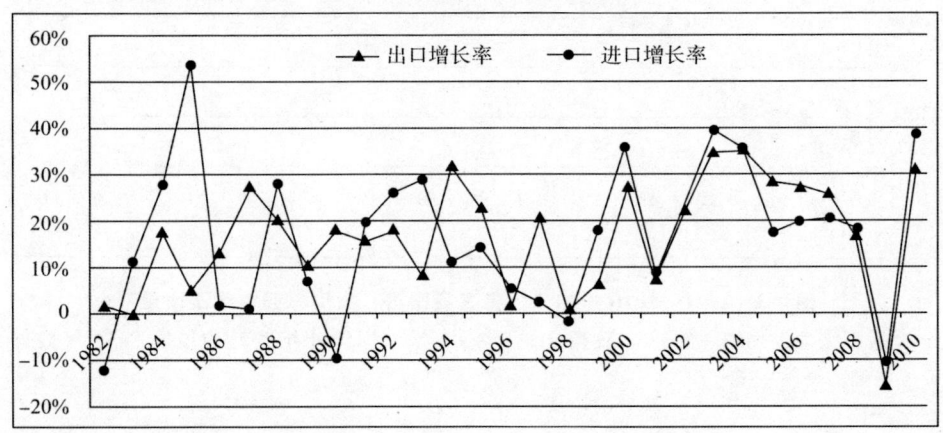

图 4-2　1981—2010 年我国进、出口增长率

数据来源：原始数据来自历年《中国统计年鉴》。

4.1.1.2　加工贸易是我国的主要贸易方式

从 20 世纪 90 年代以来，随着国际分工的日益深化，即从产业间的分工到产业内的分工再到产品内的分工，我国在这一大趋势下也迅速地融入了国际化生产的链条当中，以进料加工和来料加工等方式对从国外输入的半成品进行加工装配，带动了加工贸易的快速增长，自20世纪90年代中期起加工贸易在我国进出口贸易总额中所占的比重就达到将近50%，可见，在我国加工贸易已经成为对外贸易的最主要方式（见附表4、图4-3）。加工贸易的快速发展是和经济全球化潮流下国际产业转移的趋势相吻合的。但国际的产业转移具有"从低到高"的梯次特征，我国的国情决定了在加工贸易中我国大多处于国际产业价值链的低端即所谓的"微笑曲线"的弧底[①]，主要承担能源、资源消耗量大的生产制造环节，而发达国家则掌控着附加价值高、技术含量高的设计、营销和服务等高端环节。发达国家出于本国产业结构调整和环境保护的需要，会选择把高能耗、高污染的产业转移出去，而当我国厂商承接了这些产业后，因为限于自身落后的生产技术水平和生产工艺，在产品的加工制造过程中消耗了大量的能源及资源，产生了严重的污染，在一定程度上为国外转移了环境成本。

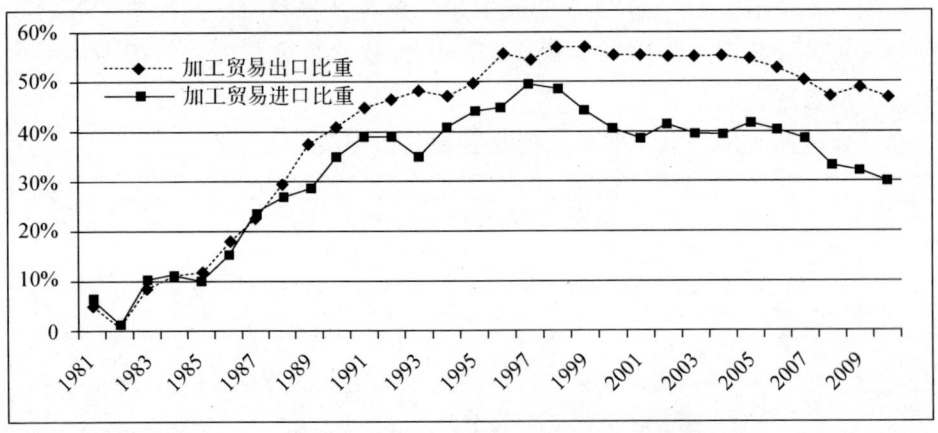

图4-3　1981—2010年加工贸易在我国进、出口总额中所占比重

数据来源：1981—2008年数据来自《2009年中国统计年鉴》，2009—2010年数据来自中国海关数据。

为了解决加工贸易能源、资源消耗量大、附加价值低等一系列问题，我国政府近年来颁布了很多关于促进加工贸易转型升级的新措施。如在2007年，我国进一步取消了一些"高能耗、高污染及资源性"产品的出口

---

① 重要科技业者宏基集团创办人施振荣先生，在1992年为"再造宏基"提出了有名的"微笑曲线"（Smiling Curve）理论，以作为宏基的策略方向。微笑曲线的形成，源于国际分工模式由产品分工向要素分工的转变，也就是参与国际分工合作的世界各国企业，由生产最终产品转变为依据各自的要素禀赋，只完成最终产品形成过程中某个环节的工作。

退税；在 2010 年，商务部和海关总署等对加工贸易禁止类目录进行了调整，将 44 个十位商品编码增列进加工贸易禁止类目录中。对从事加工贸易的企业实行分类管理，实行了银行保证金台账的实转管理，增加了相关企业的资金使用成本。随着国家的这些政策和措施的贯彻实施，一些高能耗、高污染的粗放型生产加工方式受到了一定限制，同样也使加工贸易进出口总额的增速降低、占我国货物贸易总额的比重下降。但目前加工贸易作为我国主导型贸易方式的地位仍未动摇，由此带来的能源、环境的压力也是一个不容忽视的长期问题。

4.1.1.3 外商投资企业是我国对外贸易的主体

改革开放以来，我国由于巨大的经济规模和令全球瞩目的经济增长速度，吸引了各国的外商投资，成为全球主要的外商直接投资流入国（见附图 1）。反映在对外贸易方面，外商投资企业是我国对外贸易的主体，从 2001 年起外商投资企业的进、出口贸易在我国进、出口贸易中所占比重就已达到或超过 50%（见图 4-4，附表 5）。2010 年全国外商投资企业货物出口贸易额为 8 622.29 亿美元，占我国出口贸易总额的 54.65%；进口贸易额为 7 383.86 亿美元，占我国进口贸易总额的 52.88%。可以说外商投资企业已经成为我国经济发展的重要组成部分，也是我国对外贸易中的主要力量。

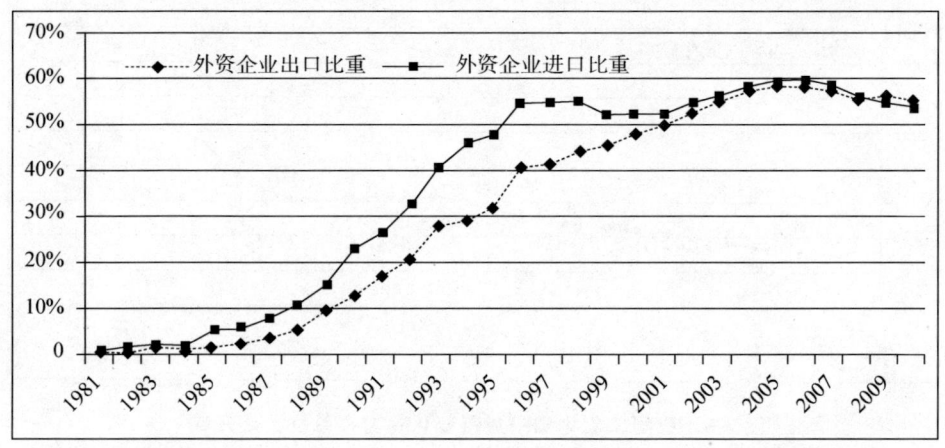

图 4-4　1981—2010 年外资企业进出口占我国进出口总额的比重

数据来源：1981—1991 年数据来自《2009 年中国贸易外经统计年鉴》，1992—2010 年数据来自历年《中国统计年鉴》。

4.1.2 我国二氧化碳排放现状分析

4.1.2.1 我国二氧化碳排放量的变化趋势

图 4-5 反映了我国二氧化碳排放量的变化趋势。由图 4-5 及表 1-1 可知，改革开放以来，我国在经济高速发展的同时也带来了二氧化碳排放量的快速增长。1981—2010 年，中国二氧化碳排放量的变化表现出以下两个特点：①中国二氧化碳排放量总体呈上升趋势，由 1981 年的约 140 705 万吨上升到 2010 年的 725 853 万吨，30 年间增长了约 415.87%，年均增长约 5.82%。②这一期间的二氧化碳排放量的变化可以大致分成三个阶段：第一阶段为 1981—1995 年，呈缓慢上升的态势，1981 年中国的二氧化碳排放量约 140 705 万吨，到 1995 年增加到 302 206 万吨，年均增长率为 5.61%；第二阶段为 1996—2001 年，二氧化碳排放量保持稳定，年均增长率仅为 0.45%；第三阶段为 2002—2010 年，二氧化碳排放量快速增长。2002 年中国的二氧化碳排放量为 334 782 万吨，到 2010 年增加到 725 853 万吨，增长了约 116.81%，年均增长率达到了 10.15%，与前一阶段的年均增长率相比提高了 9.7 个百分点。以上数据说明了 1981 年以来中国二氧化碳排放量日益增加的事实。

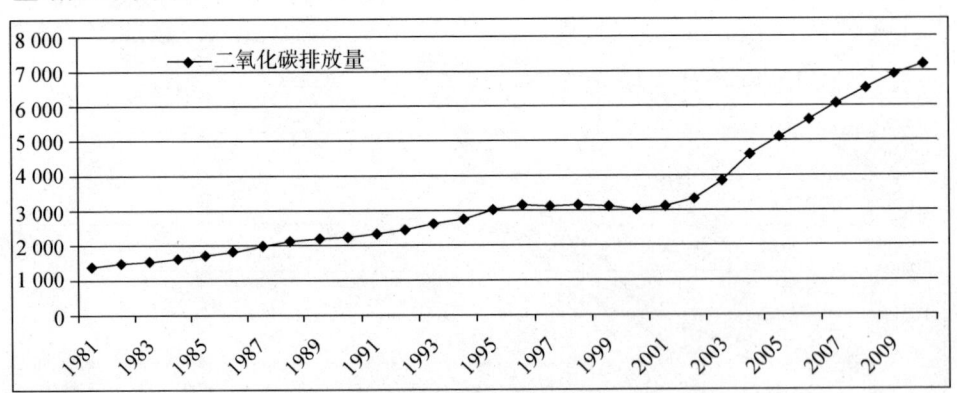

图 4-5 我国二氧化碳排放量变化趋势　单位：百万吨

数据来源：CO_2 Emissions from Fuel Combustion (2012 Edition)，IEA，Paris。

4.1.2.2 二氧化碳排放的国际比较

根据国际能源机构（IEA）的统计（如图 4-6 所示），中国二氧化碳排放量占世界二氧化碳总排放量的比重由 1981 年的 7.89%，上升到 2010 年的23.9%，增加了2倍多。美国作为世界主要的发达国家，其二氧化碳排放量的历史积累较多，在1981—2000年，美国的二氧化碳排放量在世界排放量中所占比重最大，平均值为24.01%。但从2001年开始美国所占比重则呈下降趋势。俄罗斯的二氧化碳排放量所占比重在1990—2010年持续下降。日本的二氧化碳排放量所占比重则比较平稳，平均值大约为4.76%。而作为发展中国家的中国和印度，随着经济的增长和能源消费量的增加，二氧化碳排放量不断增加。特别是我国的二氧化碳排放量在世界二氧化碳排放量中所占比重在2007年就超过了美国，成为世界上第一大二氧化碳排放国。

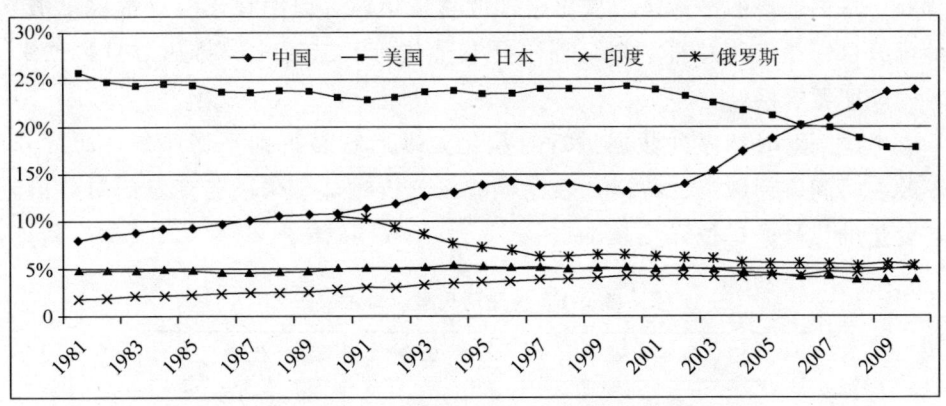

图4-6 我国二氧化碳排放量占世界碳排放量的比重

数据来源：CO_2 Emissions from Fuel Combustion (2012 Edition)，IEA，Paris。

4.2 我国贸易开放与碳排放的内在依存关系

本节将利用协整分析、Granger因果关系检验、脉冲响应和方差分解等方法，对我国贸易开放与二氧化碳排放之间的内在依从关系进行探究，从而揭示贸易开放对二氧化碳排放的影响，以期对我国贸易开放向低碳经济转型提供对策建议。

4.2.1 变量选择与数据来源

4.2.1.1 贸易开放指标

以往研究贸易开放与二氧化碳排放关系的国内外文献中，多数是采用对外贸易依存度指标来反映贸易开放程度，而忽视了对其他贸易开放度指标的考察。事实上，对外贸易依存度只能反映进出口规模的变化情况，考虑到研究期内多数年份外资企业的进出口在我国对外贸易总额中所占的比重接近或超过40%（如图4-4所示），因此本书将贸易开放程度表示为外贸依存度和外资依存度两部分。外贸依存度即进出口贸易总额与国内生产总值（GDP）之比。外资依存度，是用当年外商直接投资与GDP的比值来表示的。基础数据来源于相应各年的《中国统计年鉴》。

4.2.1.2 二氧化碳排放指标

二氧化碳排放有很多指标，如碳排放总量、人均碳排放量及碳排放强度等。本书选择的指标是二氧化碳排放总量指标。原因在于《京都议定书》的排放目标是每年总排放量，而不是其他指标。二氧化碳排放总量数据来自国际能源署网站。

考虑到对时间序列数据进行对数化处理后容易得到平稳序列，而且并不改变时间序列数据的特征，因此本节在分析时都是采用各变量的对数值。各变量的代号、单位详见表4-1。

表4-1 各变量代号、单位

指标名称	单位	代号
外贸依存度	%	$\ln TR$
外资依存度	%	$\ln FD$
二氧化碳排放总量	万吨	$\ln TC$

数据来源：基础数据来源于《中国统计年鉴》1982—2011年各期。

4.2.2 单位根检验和协整分析

4.2.2.1 单位根检验

由于所有变量均为时间序列变量，在分析两个贸易开放度指标与二氧化碳排放总量指标是否存在长期稳定的关系之前，首先需要对所有变量进行单位根检验，以考察变量自身的稳定性。只有变量在一阶平稳，即 $I(1)$ 条件下，才能进行协整分析。这里采用ADF检验法对变量 $\ln TC$、$\ln TR$、$\ln FD$ 以及它们的差分序列进行平稳性检验，根据SIC最小准则确定变量的滞后系数，检验结果由表4-2可以看出，$\ln TC$、$\ln TR$、$\ln FD$ 水平数据的ADF检验的T值的绝对值都小于相应临界值，表明变量的水平值都存在单位根,均为非平稳时间序列。而在10%的显著水平下,各变量的一阶差分都是平稳的,这说明各变量都是一阶单整的 $I(1)$ 过程,它们之间可能存在某种稳定的关系。

表 4-2 单位根检验

变量	检验形式 (C, T, K)	ADF 统计量		临界值			结论
		T 值	P 值	1%	5%	10%	
$\ln TC$	$(C, T, 1)$	−2.489 947	0.330 1	−4.323 979	−3.580 623	−3.225 334	非平稳
$\ln TR$	$(C, 0, 0)$	−0.831 240	0.795 0	−3.679 322	−2.967 767	−2.622 989	非平稳
$\ln FD$	$(0, 0, 1)$	−0.226 287	0.595 4	−2.653 401	−1.953 858	−1.609 571	非平稳
$D\ln TC$	$(C, 0, 0)$	−2.750 549	0.078 4	−3.689 194	−2.971 853	−2.625 121	平稳
$D\ln TR$	$(C, 0, 0)$	−4.798 235	0.000 6	−3.587 572	−2.976 362	−2.634 128	平稳
$D\ln FD$	$(0, 0, 0)$	−2.474 644	0.015 3	−2.650 145	−1.953 381	−1.609 798	平稳

注:检验形式 (C, T, K) 分别为常数项、时间趋势和滞后阶数;D 表示变量的一次差分;ADF 检验最优滞后阶数由 SIC 确定。

4.2.2.2 协整分析

协整的检验有两种方法,一种是 Engle 和 Granger(1987)基于回归残差的协整检验即 EG 两步法协整检验,但 EG 两步法只能检验两个变量之间的协整关系是否存在;另一种是 Johansen 协整检验,也称为 JJ(Johansen−Juselius)检验,这种检验法是 Johansen 和 Juselius(1990)共同提出的在 VAR 模型的基础上对回归系数进行检验的方法,可以进行多变量协整检验。所以本节要采用 JJ(Johansen−Juselius)检验法进行协整检验,并根据得出的协整方程来说明这些变量之间的长期相关性。根据上面的分析,由于各变量均为 $I(1)$ 序列,可以采用协整方法分析,检验结果见表 4-3 和表 4-4。

表 4-3 协整的特征根迹检验结果

原假设协整方程个数	特征值	迹统计量	显著水平 5% 的临界值	伴随概率 P 值
None	0.590 523	39.415 64	35.192 75	0.016 5
At most 1	0.385 099	16.200 87	20.261 84	0.165 2
At most 2	0.127 870	3.557 234	9.164 546	0.482 0

表 4-4　协整的最大特征值检验结果

原假设协整方程个数	特征值	最大特征值统计量	显著水平5%的临界值	伴随概率P值
None	0.590 523	23.214 76	22.299 62	0.037 2
At most 1	0.385 099	12.643 64	15.892 10	0.151 6
At most 2	0.127 870	3.557 234	9.164 546	0.482 0

注：协整检验的设定形式为：No deterministic trend（restricted constant）。

表4-3和表4-4都说明，不管是协整检验的特征根迹检验还是最大特征值检验，其对应原假设None的检验统计量都大于5%显著性水平下的临界值，这就说明可以在95%的置信水平下拒绝无协整关系的假设，表明 $\ln TC$、$\ln TR$、$\ln FD$ 这三个变量间存在着协整关系；对应原假设At most 1 的检验统计量的值均小于5%显著性水平下的临界值，表明不能拒绝最多存在一个协整向量的原假设，因此，$\ln TC$、$\ln TR$、$\ln FD$ 这三个变量只有一个协整向量关系，也就是在95%的置信水平下二氧化碳排放量和外贸依存度、外资依存度之间存在协整关系。它们之间的协整方程为：

$$\ln TC = 7.022\ 608 + 1.647\ 193\ln TR - 0.137\ 473\ln FD \qquad (4-1)$$

此协整方程说明，从长期来看，二氧化碳排放量随着对外贸易的增长而增加，这表明我国确实存在"碳排放的转移"现象，即我国通过对外贸易的形式，为我国产品的进口国排放了大量的二氧化碳。这可能是我国长期以来形成的粗放型的外贸增长方式造成的，因为我国的能源消费结构是"多煤少油缺气"，因此，粗放型的外贸增长方式所造成的巨大的能源消耗必然会导致二氧化碳排放的增加。而从协整方程看，外商直接投资的进入则能够降低我国的二氧化碳排放量，这个结果可能是由外商直接投资的技术溢出效应引起的。外商直接投资进入我国时不但带来了资金同样也带来了技术。总的来说，发达国家的生产技术和工艺水平要高于我国国内现有水平，而大量使用国外先进的技术，则在一定程度上减少了我国的二氧化碳排放。值得注意的是，虽然从技术溢出的角度看，外商直接投资的进入可以在一定程度上有利于我国环境质量的改善，但这并不意味着外商直接投资的流入对我国的环境没有负面影响，因为从现实状况来看，确实是有一些外资投向了能源密集型及污染密集型的产业当中，因此我国各级政府部门在对外资的使用上应该制定更为严格的环境准入制度。

4.2.3 Granger 因果关系检验

Granger 因果关系检验是从统计意义上检验变量之间的因果关系，其基本原理是，假定有两个变量 X 和 Y 互相影响，如果 X 的滞后值对 Y 有显著性的影响，我们就可以说 X 是 Y 的 Granger 原因；同理，如果 Y 的滞后值对 X 有显著性的影响，那 Y 就是 X 的 Granger 原因。由上文分析结果可以看出，二氧化碳排放与外贸依存度、外资依存度之间存在协整关系，因而可以分别对它们进行 Granger 因果关系检验。

上文的协整检验证实了这三个变量间存在着长期的协整关系，但具体方向的因果关系仍然不能确定。为了研究 $\ln TC$、$\ln TR$、$\ln FD$ 这三个变量之间具体的因果关系，利用 Granger 因果检验分析它们的因果关系，检验结果见表 4-5。

表 4-5 变量因果关系检验结果

零假设	样本数	滞后期	F 统计量	概率	结论
$\ln TR$ 不是 $\ln TC$ 的 Granger 原因	29	1	9.446 88	0.004 9	拒绝
$\ln TC$ 不是 $\ln TR$ 的 Granger 原因	29	1	0.783 85	0.384 1	接受
$\ln FD$ 不是 $\ln TC$ 的 Granger 原因	29	1	4.345 65	0.041 7	拒绝
$\ln TC$ 不是 $\ln FD$ 的 Granger 原因	29	1	4.858 47	0.033 3	拒绝

由表 4-5 可知：

第一，外贸依存度与二氧化碳排放存在着单向的因果关系，即对外贸易的增长是导致二氧化碳排放增加的 Granger 原因，而二氧化碳排放不是对外贸易增加的 Granger 原因。对外贸易在为经济增长做出重要贡献的同时，也带来了大量的二氧化碳排放，这个结果验证了"污染避难所假说"。这说明我国目前对外贸易的增长属于粗放型，是资源消耗型的高能耗、高污染模式，不利于我国环境质量的改善；这从侧面反映出我国政府所制定的各种贸易政策和产业政策对优化进出口结构的作用仍有限或其效应仍未显现出来，如何促使我国的进出口结构尽早向可持续、环保的方向改进仍是我国在制定和执行贸易政策时需考虑的主要因素之一。另外，我国目前人均收入水平还较低，在低收入水平下人们对环境质量的内在需求还比较小，因此环境质量对进出口贸易的影响力几乎可以忽略不计。

第二，外资依存度和二氧化碳排放存在着双向的因果关系，即不仅外资依存度是导致我国的二氧化碳排放量变化的 Granger 原因，而且我国的二氧化碳排放量的变化也是外资依存度的 Granger 原因。这种结果一方面说明以外商直接投资为载体的经济全球化背景下的国际产业转移并没有起到优化我国制造业结构的作用，而相反，很多外资进入了碳关联度较高的产业并通过加工贸易的方式将大量碳密集型产品返销回国内，也即外资在将产业转移到我国的同时，也向我国转移了相当部分的二氧化碳排放；另一方面也说明二氧化碳排放的增加也会影响到我国利用外资的政策调整，并进而影响到外资的引入标准和结构。如在 2010 年《国务院关于进一步做好利用外资工作的若干意见》中就明确规定，要大力鼓励外资投向高新技术产业、高端制造业、现代服务业以及新能源和节能环保产业。严格限制"两高一资"类外资项目。这些措施将会引导外资流入清洁生产、可再生能源领域等低碳行业。

4.2.4 基于 VAR 模型的动态分析

向量自回归模型（VAR）是由 Sims（1980）提出的。VAR 模型方法的一大优点就在于它为分析系统中的各个变量间的动态影响提供了一个较好的分析工具。所以，选择这一模型具有以下好处：可以较少地受到既有理论的限制，因为在 VAR 系统中所有的变量都被视为内生变量从而能够对称地进入各个估计方程中；可以方便地分析贸易开放与碳排放各个变量之间的长期动态影响。因此本部分主要采用基于 VAR 模型的分析方法，一是采用脉冲响应函数（Impulse Response Function，IRF）分析方法来分别考察贸易开放与二氧化碳排放这两类变量之间的动态冲击反应，以刻画贸易开放与碳排放的长期相互动态作用；二是利用预测方差分解技术（Variance Decomposition）来进一步研究贸易开放和二氧化碳排放在解释对方变动时的相对重要程度。

4.2.4.1 脉冲响应函数分析

脉冲响应函数是指系统对其某一变量的一个冲击或扰动所做出来的反应。本部分基于脉冲响应函数的分析是要考察在一个贸易开放与二氧化碳排放相互影响的经济系统中，贸易开放的变动对二氧化碳排放的动态影响轨迹。

我们采用脉冲响应函数方法来分别考察 $\ln TC$ 对 $\ln TR$、$\ln FD$ 的冲击响应，得出了分析结果（见图 4-7 和表 4-6），其中冲击标准差由蒙特卡罗模拟方法得到，同时考虑到本研究样本数据容量，将冲击响应期设定为 10 期。

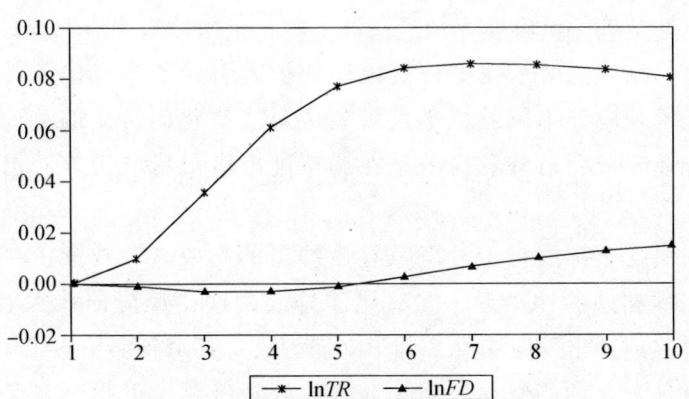

图 4-7 lnTC 对 lnTR 和 lnFD 的冲击响应

表 4-6 lnTC 对一个新息的脉冲响应[①]

Period	Response of lnTC to lnTR	Response of lnTC to lnFD
1	0.000 000	0.000 000
2	0.009 395	−0.001 346
3	0.035 637	−0.003 171
4	0.061 055	−0.003 211
5	0.076 868	−0.001 055
6	0.083 966	0.002 459
7	0.085 965	0.006 345
8	0.085 440	0.009 944
9	0.083 575	0.012 924
10	0.080 873	0.015 158
累计值	0.602 774	0.038 047
脉冲响应曲线	倒 U 形	V 形

（1）二氧化碳排放对于外贸依存度冲击的响应。对于当期外贸依存度一个新息的冲击，二氧化碳排放的响应曲线大致呈现出倒 U 形的轨迹。二氧化碳排放在第 1 期到第 2 期冲击响应值较小，说明二氧化碳排放对外贸依存度的冲击响应具有一定的滞后作用。从第 3 期开始二氧化碳排放急剧增

---

① Cholesky Ordering：lnTC，lnTR，lnFD.

加，到第7期达到一个峰值，然后逐渐下跌，整条冲击响应曲线位于水平线的上方。这一结果说明了我国外贸规模的扩大引起了二氧化碳排放的大量增加，使技术效应等不能够抵消规模效应对二氧化碳排放的负面作用，表明我国的产业政策和对外贸易政策在调整进出口贸易结构方面仍然需要大力改进和完善。

（2）二氧化碳排放对于外资依存度冲击的响应。对外资依存度施加一个单位正向标准差的冲击后，二氧化碳排放的冲击反应曲线大致呈V形，二氧化碳排放的冲击反应在第2到第5期为负，其余各期均为正而且随着时间的推移有着上升的趋势，说明长期来看外资依存度的提高也会带来二氧化碳排放的增加。二氧化碳排放对外资依存度的冲击响应也具有一定的滞后作用。

如表4-6所示，由外贸依存度和外资依存度的冲击所导致的二氧化碳排放在全部响应期内的累计值来看，外贸依存度对二氧化碳排放的影响力度很大，外资依存度的影响力度较小。

4.2.4.2 方差分解分析

下面我们进一步使用方差分解法来考察贸易开放与二氧化碳排放之间的相互影响的重要程度。方差分解法与脉冲响应函数分析法不同的是，方差分解法是将系统的预测均方误差（Mean Square Error，MSE）分解成为系统中各变量冲击所做出的贡献，以致可以考察任何一个内生变量的预测均方误差的分解。

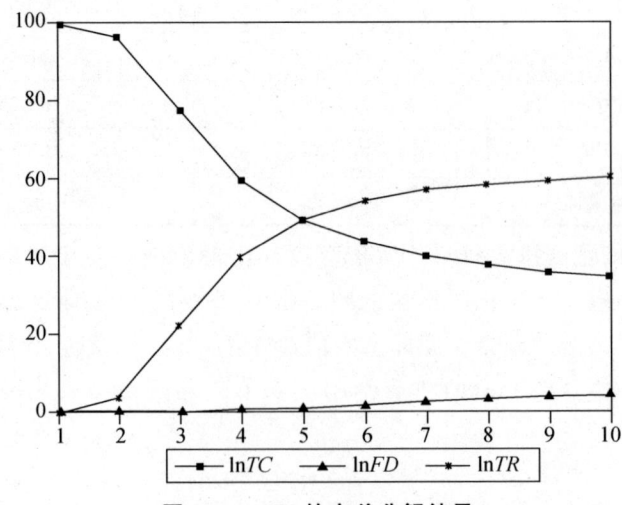

图4-8　lnTC的方差分解结果

表 4-7　二氧化碳排放的方差分解结果①

Period	S.E.	lnTC	lnTR	lnFD
1	0.029 768	100.000 0	0.000 000	0.000 000
2	0.050 504	96.468 32	3.524 127	0.007 555
3	0.077 770	77.346 31	22.440 31	0.213 380
4	0.112 448	59.601 85	39.752 54	0.645 608
5	0.147 675	49.477 68	49.328 05	1.194 277
6	0.179 371	43.823 39	54.342 71	1.833 899
7	0.206 703	40.306 99	57.143 27	2.549 737
8	0.230 110	37.860 44	58.826 76	3.312 798
9	0.250 227	36.028 18	59.885 75	4.086 068
10	0.267 589	34.605 01	60.560 95	4.834 039
平均值			40.580 45	2.075 262

由图 4-8 和表 4-7 所示的分析结果，可以发现：

（1）外贸依存度对二氧化碳排放的方差分解贡献度呈现递增的趋势。第 1 期至第 5 期外贸依存度对二氧化碳排放方差分解的贡献度都在 50% 以下，而到第 6 期至第 10 期却均超过了 50%，外贸依存度新息的影响作用在整个预测期内的初期阶段急速升高，而后期阶段则增速减缓。据此推断，外贸依存度的提高会加大我国二氧化碳排放的压力，而且这种压力有着日益增强的势头，但是到了后期阶段这种势头在逐步减缓。这一分析结果刻画了改革开放以来我国的经济增长、贸易开放、工业化的普及伴随着对能源品的过度开采和利用，虽然我国正在逐步优化产业结构和对外贸易结构，但是能源密集型行业的生产规模仍然在大幅度扩张，从而导致了较大的环境保护压力。

（2）外资依存度对二氧化碳排放的方差分解贡献度较小，在预测周期内最大的贡献度也只有 4.83%，但也呈缓慢上升的趋势。在前 4 期，外资依存度的贡献度都小于 1%，而后不断增加，最终到第 10 期时增加到了 4.83%。虽然增幅缓慢，但也说明外资依存度对我国二氧化碳排放的影响

---

① Cholesky Ordering：lnTC，lnFD，lnTR.

作用有着增加的势头。这主要是因为过去几十年来进入我国的外商资金很多是流向于传统的制造业，通过在我国参股或投资建厂等形式将能源消耗大的一些碳密集型产业转移到了我国的境内，从而加重了我国的碳排放压力。在整个预测周期内，外贸依存度对二氧化碳排放的方差分解平均贡献度为40.58%，而外资依存度的平均贡献度则只有2.08%。这个结果与上面脉冲响应函数分析所得的结论是一致的，即外商直接投资对二氧化碳排放的影响比进出口贸易的影响要小。

4.3 结论

本章采用了包括协整分析、Granger因果关系检验、脉冲响应函数分析和方差分解分析在内的多种计量分析方法，利用1981—2010年的数据，考察贸易开放与我国二氧化碳排放之间的内在依从关系，并得出以下主要结论。

第一，协整分析。单位根检验发现二氧化碳排放量、外贸依存度和外资依存度三个变量均属于$I(1)$序列。Johansen协整检验发现二氧化碳排放量与外贸依存度之间存在正的协整关系，而与外资依存度之间存在负的协整关系。因此，从实证角度来看，30多年来我国的进出口贸易产生了负的环境效应，而外商直接投资产生了正的环境效应。

第二，Granger因果关系。Granger因果关系检验的结果显示了外贸依存度是导致我国二氧化碳排放量变化的Granger原因，而我国二氧化碳排放量的变化不是外贸依存度的Granger原因；但外资依存度和二氧化碳排放却存在着双向的因果关系。

第三，脉冲响应和方差分解。基于VAR模型的脉冲响应函数分析的模拟结果表明，外贸依存度和外资依存度的冲击响应累计值均为正值，而且都有一定的滞后效应。二氧化碳排放对外贸依存度的冲击响应曲线大致呈现出倒U形的轨迹，整条冲击响应曲线位于水平线的上方。二氧化碳排放对外资依存度的冲击响应曲线大致呈现出V形的轨迹，二氧化碳的冲击反应在第2到第5期为负，其余各期均为正而且随着时间的推移有着上升的趋势，表明长期来看外资依存度对二氧化碳排放产生了负面影响。由外贸依存度和外资依存度的冲击所导致的二氧化碳排放在全部响应期内的累计值（分别为0.602 774和0.038 047）来看，外贸依存度对二氧化碳排放的影响力度很大，外资依存度的影响力度则较小。这一结果显示由于进出口规模的扩大所带来的二氧化碳排放的增加相当严重,这从侧面反映我国政府所制定的各种贸易政策对优化进出口结构的作用仍有限或其效应仍未显现出来,如何促使我国的对外贸易结构尽早向可持续、环保的方向改进仍然是我国在制定和执行贸易政策时需要考虑的主要因素之一。

基于 VAR 模型的方差分解分析结果表明,在整个预测期内外贸依存度和外资依存度对二氧化碳排放方差分解的平均贡献度分别为 40.58% 和 2.08%,虽然二者差别较大,但都呈增长趋势。说明改革开放以来,我国贸易开放的扩大、经济的快速增长是以环境的损害为代价的,是导致我国二氧化碳排放量增加的主要原因之一。所以,我国在利用进出口贸易和外商直接投资来推动经济增长的同时,应当加强相关的环境管制措施,避免沦为"污染天堂"。

第5章 基于省际动态面板数据的贸易开放的碳排放效应分析

上一章采用协整分析、Granger 因果关系检验、脉冲响应函数分析和方差分解分析在内的多种计量分析方法，利用 1981—2010 年的时间序列数据，从全国范围内考察了贸易开放与我国碳排放之间的内在依从关系，考虑到目前国内基于分省的二氧化碳排放数据研究贸易开放对碳排放影响的文献比较有限，且多数采用的是静态面板的 OLS 估计方法，另考虑到由于中国实行的是非平衡的区域性贸易开放战略，因此中国各地在探讨向经济低碳转型时，需要从实证上检验各区域碳排放对贸易的依赖。因此本章使用中国 1998—2010 年 30 个省区[①]的面板数据，采用动态面板数据模型从全国的角度分析贸易开放对碳排放的影响；采用静态面板数据模型，对东、中、西三大区域[②]贸易开放对碳排放的影响进行比较研究，这对于各个区域根据不同的贸易开放程度制定相应的节能减排和低碳经济政策措施具有一定的指导意义。

5.1 东、中、西三大区域对外贸易与碳排放比较

5.1.1 对外贸易的区域差异

首先，进出口贸易总量差距较大。图 5-1 及附表 6 至附表 8 显示了 1998—2010 年东、中、西三大区域对外贸易总量的发展趋势。我国地域辽阔，区域间经济发展不平衡，受贸易开放发展战略和各地区区位差异的影响，外贸进出口一直集中于东部沿海地区，中、西部地区由于受地理位置和长期以来我国经济发展战略的影响，对外贸易规模相对较小。1998 年，

---

① 本书分析不包括西藏自治区，同时也没有包括香港、澳门和台湾三个地区的数据。
② 本书对 30 个省区根据国家发改委 2000 年 33 号文件来对其进行东、中、西部的划分。东部地区包括北京、天津、河北、辽宁、上海、江苏、浙江、福建、山东、广东、海南 11 个省市；中部地区包括山西、吉林、黑龙江、安徽、江西、河南、湖北、湖南 8 个省份；西部地区包括重庆、四川、内蒙古、广西、贵州、云南、陕西、甘肃、青海、宁夏、新疆 11 个省、市、自治区。

东部地区对外贸易额为 24 522.55 亿元，占全国进出口总值的 91.33%，中部地区对外贸易额为 1 282.241 亿元，占全国进出口总值的 4.78%，西部地区对外贸易额为 1 199.553 亿元，占全国进出口总值的 4.47%。到 2010 年，东部地区对外贸易额为 181 971.03 亿元，占全国进出口总值的 90.21%，中部地区对外贸易额为 10 776.29 亿元，占全国进出口总值的 5.34%，西部地区对外贸易额为 8 628.812 亿元，占全国进出口总值的 4.28%。

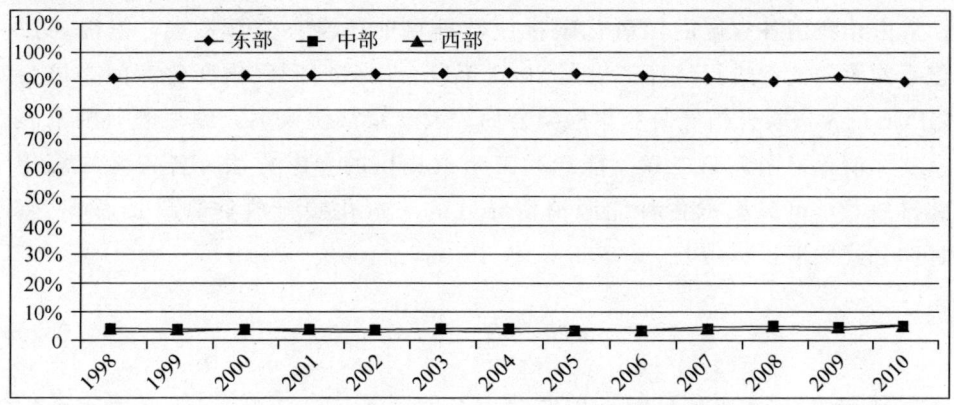

图 5-1　1998—2010 年我国三大区域进出口额占全国的份额

数据来源：历年《中国统计年鉴》。

其次，中国对外贸易依存度的区域差距非常明显。由图 5-2 及附表 9 可见，1998 年，东部地区的对外贸易依存度为 52.07%，远高于全国的 31.81% 的水平，而中、西部地区的对外贸易依存度分别为 6.2% 和 8.16%，远低于全国的水平。到 2010 年东部地区的对外贸易依存度为 72.65%，远

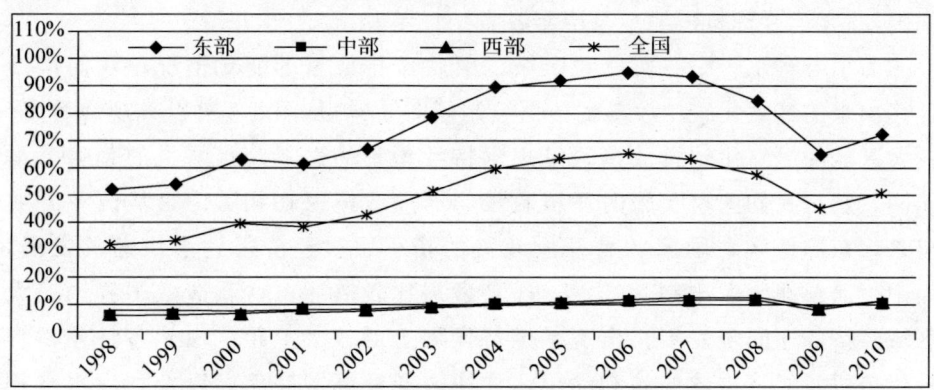

图 5-2　1998—2010 年全国及三大区域外贸依存度

数据来源：历年《中国统计年鉴》。

高于全国 50.28% 的水平，中、西部地区的对外贸易依存度分别为 10.25%、10.67%，仍然远低于全国水平。

总之，研究期内东部沿海地区作为我国主要的对外贸易基地这一格局基本没有发生改变。

5.1.2 二氧化碳排放的地区特征

由于我国各省区的二氧化碳排放数据目前还没有公开发表，只能通过化石能源的消费进行估算。依据 2006 年联合国政府间气候变化专门委员会（IPCC）为《联合国气候变化框架公约》及《京都协议书》编写的《国家温室气体清单指南》第二卷（能源）第六章提供的参考方法，各省区二氧化碳排放总量可以根据各种能源消费导致的二氧化碳排放估算量加总得到，具体公式如下：

$$TC = \sum_{i=1}^{3} E_i \times \delta_i \qquad (5-1)$$

其中，TC 表示测算的各种能源消费的二氧化碳排放总量；i 表示各种消费的能源，包括煤炭、石油、天然气三种；E 为各种能源的消费总量；δ 为二氧化碳排放系数，目前提供这个系数的权威机构有 IPCC、国家发改委、美国能源情报署（EIA）、美国能源部（DOE）等，本章使用的是国家发改委在《中国应对气候变化国家方案》中提出的二氧化碳排放系数，即煤炭、石油、天然气的二氧化碳排放系数分别为 2.56 吨 CO_2/吨标准煤、1.92 吨 CO_2/吨标准煤、1.45 吨 CO_2/吨标准煤。各省区三种能源消费量来自《新中国 60 年统计资料汇编》及历年各省统计年鉴。

为了考察东、中、西三大区域二氧化碳排放量的变化情况，我们依据计算出来的二氧化碳排放量的数据绘制了图 5-3。从图 5-3 可以直观地看出，三大区域的二氧化碳排放量均呈现出持续增长的态势，且增长的趋势基本相同，这与我们国家实施的环境政策与产业政策密切相关。自从改革开放以来，东部地区在国家贸易开放政策的指引下，经济得到了快速的发展，而中、西部地区由于制度惯性，经济发展比较落后。这就造成了我国三大区域经济的非同步发展，出现了经济发展上的较大差距。由于各种条件上的优势以及经济主体的趋利动机，往往选择经济发展良好以及利润水平相对高的东部地区，所以中、西部地区的生产要素配置到东部地区，而且国际投资也是偏好东部地区。这样，东部地区成为我国经济发展速度高、产业结构偏重的地区。与此同时，东部地区二氧化碳的绝对排放量始终占据最主要地位，远远超过中、西部地区。由附表 10 至附表 12 可见，1998 年东部地区二氧化碳排放量为 149 040.2 万吨，排放量最大的省份是河北省（23 950.5 万吨），其次为辽宁省（22 705.1 万吨），排放量最少的是海南省（805.7 万吨）。到 2010 年，东部地区二氧化碳排放量为 421 238.8 万吨。排放量最大的省份变为山东省（90 901.2 万吨），最小的仍然是海南省（2 708.9 万吨）。处于第二和第三位置的省份分别是河北（71 759.5 万吨）和江苏（54 911.0 万吨）两省。

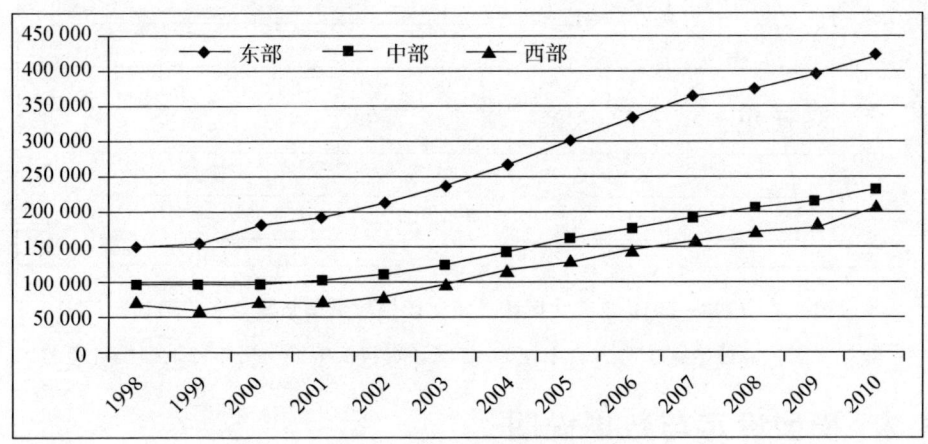

图 5-3　1998—2010 年三大区域二氧化碳排放量比较　单位：万吨

数据来源：原始数据来自《新中国 60 年统计资料汇编》与历年各地区统计年鉴。

在中部地区，1998 年，二氧化碳排放量为 93 893.14 万吨，排放量最多的是河南省（18 704.5 万吨），其次是黑龙江省（16 233.3 万吨），排放量最少的是江西省（4 676.7 万吨）。到 2010 年，二氧化碳排放量为 233 163.3 万吨，排放量最大的省份是河南省（53 565.3 万吨），山西省居于第二（33 994.9 万吨），排放量最少的仍然是江西省（14 600.5 万吨）。

在西部地区，1998 年二氧化碳排放量为 68 323.25 万吨，排放量最多的省份是四川省（13 500.0 万吨），其次是陕西省（9 168.9 万吨），排放量最少的省份是青海省（1 112.3 万吨）。2010 年，二氧化碳排放量为 205 403.1 万吨，排放量最多的为内蒙古自治区（49 125.1 万吨），其次是四川省（32 830.7 万吨），最少的省份仍然是青海省（3 171.2 万吨）。

虽然从二氧化碳排放绝对量上，东部地区远远超过中西部地区。但是，随着中西部地区经济开发和工业化的进程不断加快，尤其是西部大开发的作用，西部经济快速发展，其二氧化碳排放量的增长速度超过了东部和中部地区（见图5-4，附表13）。实际上，在2000—2010年，西部地区二氧化碳排放量的年平均增长率达到了11.81%，超过了东部和中部地区，东部地区的年均增长率则是三个地区中最低的，为8.89%。

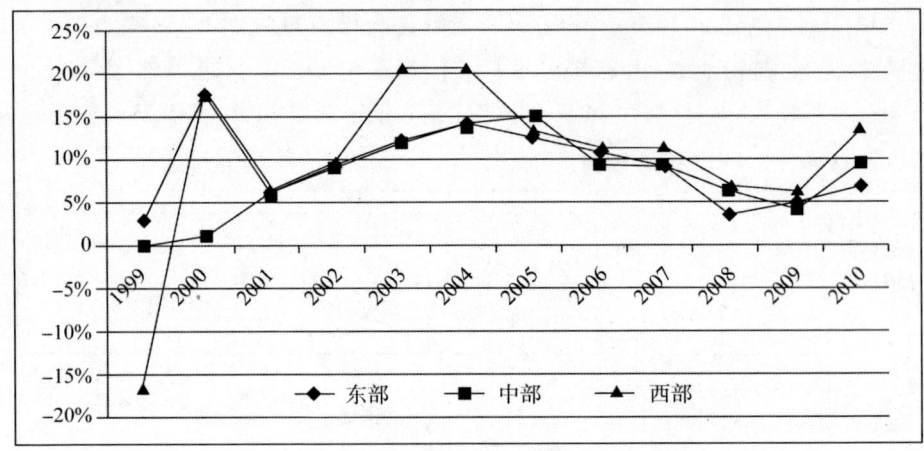

图5-4　1998—2010年三大区域二氧化碳排放量增长率变化趋势比较

数据来源：原始数据来自《新中国60年统计资料汇编》与历年各地区统计年鉴。

5.2　模型设定与数据说明

5.2.1　模型设定

根据式（3-16），且因为二氧化碳排放与经济增长之间的密切关系，在研究贸易开放的碳排放效应时，不能忽略经济增长对二氧化碳排放的作用，而环境库兹涅茨曲线会是一个有效的工具，同时因为任何经济因素的变化本身都具有一定的惯性，前一期结果往往会对后一期有一定影响。因此，本章建立如下贸易开放碳排放效应的动态计量模型：

$$\ln TC_{it} = C_{it} + \alpha_1 \ln TC_{it-1} + \alpha_2 \ln Y_{it} + \alpha_3 (\ln Y_{it})^2 + \alpha_4 \ln TR_{it} + \alpha_5 \ln IS_{it}$$
$$+ \alpha_6 \ln GN + \alpha_7 \ln RD_{it} + \alpha_8 \ln FD_{it} + \alpha_9 \ln GR_{it} + \varepsilon_{it} \quad (5\text{-}2)$$

其中，i表示省区截面单元，$i=1,2,\cdots,30$；t表示时间，TC表示二氧化碳排放量，Y为人均GDP；TR表示对外贸易规模。IS为产业结构，GN为全球生产网络效应，RD表示研发水平，FD为外资依存度，GR为碳排放政府管制变量。为了消除异方差，对变量均做自然对数处理。

5.2.2 数据说明

1. 二氧化碳排放量（TC）。本章采用二氧化碳排放总量指标，计算方法前文已做介绍。

2. 人均 GDP（Y）。大量研究指出，污染排放量和人均收入之间存在倒 U 形关系。借鉴以往研究，本章以人均 GDP 作为人均收入指标。各省区的人均 GDP 数据来源于历年各省区的统计年鉴，为了保证可比性，我们以 1990 年为基期，通过 GDP 指数分别计算得出各省区 1998—2010 年的实际人均 GDP。

3. 对外贸易规模（TR）。本章以对外贸易依存度反映贸易规模。对外贸易依存度即进出口总额与 GDP 之比。各地进出口总额来自于历年各省统计年鉴。人民币汇率数据来源于 2011 年《中国统计年鉴》。

4. 产业结构（IS）。本章用重工业总产值占工业总产值的比重来表示。因为从经济理论上来说，重工业碳密集度比较高，重工业比重的增加将导致中国二氧化排放量的增加。数据来源于《中国经济普查年鉴 2004》及历年《中国工业经济统计年鉴》。

5. 全球生产网络效应（GN）。本章使用外商直接投资进出口额占贸易总额的比重作为全球生产网络效应的替代变量。之所以这样选择是因为加工贸易是我国加入全球生产网络中的主要方式，而外商直接投资又是加工贸易的主体。基础数据来源于相应各年的《中国统计年鉴》。

6. 研发水平（RD）和外商直接投资（FD）。在未来中国的能源发展中，技术进步将会大大提高优质能源的可获得性，从而将会对中国的能源消费结构及二氧化碳排放产生巨大的影响。技术进步的主要途径是自主研发和引进国外先进技术，考虑到外商直接投资对于技术的引进发挥了重大的引领作用，所以本章引入外资依存度这个变量。研发水平采用各省区的研发经费支出额和 GDP 的比值来衡量，外资依存度则用当年外商直接投资额与 GDP 的比值来表示。基础数据来源于历年的《中国统计年鉴》及《中国科技统计年鉴》。

7. 碳排放政府管制变量（GR）。因为污染治理项目完成投资额可以在一定程度上反映政府在治理环境污染方面所付出的努力，所以本章选取各省区工业污染治理项目投资完成额与各省区 GDP 的比值作为碳排放政府管制变量的替代变量。各省区工业污染治理项目投资完成额来自历年《中国环境统计年鉴》。

5.3 实证分析

5.3.1 数据的描述性统计

表5-1和表5-2对面板数据进行了描述性统计。①1998—2010年东部地区的人均GDP（以1990年不变价格计算）的均值为12 777.1元/人，远高于全国平均水平7 986.41元/人，中、西部地区人均GDP分别为5 729.33元/人和4 837.18元/人，低于全国平均水平。②东部地区的二氧化碳排放水平要远高于中、西部地区，在样本期间东部地区的二氧化碳排放总量的均值为24 969.77万吨，而中、西部地区二氧化碳排放总量的均值则分别为18 588.6万吨和10 781.1万吨。也就是说，较高的人均产出具有较高的二氧化碳排放。③1998—2010年东部地区的外贸依存度（均值为70.05%）与外资依存度（均值为5.65%）都远高于中部地区（分别为9.76%、1.90%）和西部地区（分别为9.92%%、1.11%），且在2010年全国排位居于前三名的省份也都属于东部地区，这说明东部地区的贸易开放程度较高。④东部地区重工业总产值占工业总产值比重的均值为65.25%，既低于中、西部地区也低于全国的平均水平，2010年在全国排位居于前三名的省份都在中西部地区。⑤东部地区研发经费支出与GDP之比既高于中西部地区也高于全国的平均水平。这与各地区经济发展水平和科技发展阶段密切相关。财政应继续加大各区域R&D经费投入力度，提高中西部区域其占GDP的比重，以满足科技与经济协调发展的需要。⑥东部地区外商直接投资进出口额占贸易总额的比重也大大高于中西部和全国平均水平，全国排位前三名的省份也全部集中在东部地区。⑦1998—2010年，东部地区碳排放政府管制变量的均值却小于中西部地区，在全国排位居于前三名的省份也都属于中西部地区。

表5-1 全国面板数据的描述性统计

变量（单位）	均值	标准差	最大值	最小值	2010年排名前3位的省份
TC（万吨）	18 065.61	14 834.76	90 901.2	805.670 3	山东、河北、江苏
Y（元）	7 986.405	5 937.317	38 038.5	1 420.144	上海、天津、江苏

续表

变量（单位）	均值	标准差	最大值	最小值	2010年排名前3位的省份
TR（%）	31.922 64	40.850 37	179.925 7	3.207 36	上海、北京、广东
IS（%）	67.859 34	14.719 82	95.425 32	19.521 34	山西、青海、陕西
RD（%）	1.032 229	0.957 427	5.822 927	0.081 216	北京、上海、陕西
GR（%）	0.192 082	0.142 717	0.990 131	0.013 70	甘肃、陕西、山西
GN（%）	32.689 12	21.377 94	81.556 25	0.955 03	天津、江苏、上海
FD（%）	2.985 536	2.814 323	15.165 88	0.086 577	天津、辽宁、海南

数据来源：原始数据来源于《新中国60年统计资料汇编》，历年《中国环境统计年鉴》及各省统计年鉴。

表 5-2 三大区域面板数据的描述性统计

变量（单位）	东部			中部			西部		
	均值（标准差）	最大值	最小值	均值（标准差）	最大值	最小值	均值（标准差）	最大值	最小值
TC（万吨）	24 969.77 (19 177.5)	90 901.2	805.670	18 588.6 (9 635.44)	53 565.3	4 676.72	10 781.1 (8 130.66)	49 125.1	1 112.32
Y（元）	12 777.1 (6 934.76)	38 038.5	3 753.99	5 729.33 (2 582.83)	13 430.9	2 263.99	4 837.18 (2 609.37)	17 690.9	1 420.14
TR（%）	70.045 6 (47.179 7)	179.926	8.226 89	9.755 53 (3.874 77)	19.191 1	3.207 36	9.921 26 (4.866 95)	36.707 8	3.516 48
IS（%）	65.245 6 (12.959 4)	85.401 2	35.411 8	69.182 9 (13.946 7)	95.425 3	22.255 8	69.510 5 (16.541 4)	94.279 3	19.521 3
RD（%）	1.471 62 (1.332 00)	5.822 93	0.119 55	0.791 51 (0.296 59)	1.654 09	0.254 91	0.767 91 (0.604 89)	2.741 52	0.081 22
GR（%）	0.166 12 (0.114 22)	0.562 60	0.013 70	0.184 36 (0.147 26)	0.797 51	0.032 70	0.223 66 (0.159 1)	0.990 13	0.036 39
GN（%）	52.535 7 (18.127 0)	81.556 3	13.375 9	27.414 7 (13.300 4)	65.134 0	4.362 83	16.678 5 (10.949 1)	41.888 0	0.955 03
FD（%）	5.651 429 (2.876 53)	15.165 9	1.133 87	1.896 82 (1.077 66)	5.168 43	0.209 07	1.111 44 (1.009 24)	5.418 59	0.086 58

数据来源：原始数据来源于《新中国60年统计资料汇编》，历年《中国环境统计年鉴》及各省统计年鉴。

5.3.2 面板数据的单位根检验

为了避免面板数据的伪回归,就需要对面板数据进行单位根检验,以便确定其平稳性。这里采用 LLC 和 Fisher-ADF 两种方法进行单位根检验,LLC 的原假设为存在同质单位根,Fisher-ADF 的原假设为存在异质单位根。全国及东、中、西部单位根检验结果如表 5-3 所示。由表 5-3 的结果可看出,所有变量都为一阶单整 $I(1)$,因此可以进行协整检验。

表 5-3 面板数据的单位根检验

变量	全国		东部		中部		西部	
	LLC	Fisher-ADF	LLC	Fisher-ADF	LLC	Fisher-ADF	LLC	Fisher-ADF
$\ln TC$	−2.342 29***	50.050 2	−1.407 33*	15.805 7	2.285 57	1.930 92	−2.019 66**	18.738 7
$\Delta\ln TC$	−13.115 3***	152.448***	−11.261 9***	60.950 2***	−4.75910***	32.320 3***	−9.95161***	66.520 6***
$\ln Y$	12.460 4	8.023 70	1.126 77	4.559 35	5.345 73	0.574 42	13.436 7	2.889 93
$\Delta\ln Y$	−6.640 01***	75.013 3*	−3.452 17***	75.011 8*	−4.446 21***	31.769 9*	−3.441 49***	35.426 8*
$\ln^2 Y$	−5.825 17***	68.183 2	2.601 95	2.992 55	7.484 59	0.359 33	−3.322 83***	21.603 2
$\Delta\ln^2 Y$	−9.704 68***	88.255 1***	−2.970 67***	81.647 0*	−4.758 53***	29.550 0*	−4.268 37***	36.504 4*
$\ln TR$	−5.020 76***	60.948 0	−4.246 32***	27.389 1	−1.908 06**	14.089 0	−1.943 78**	19.121 3
$\Delta\ln TR$	−12.910 7***	182.402***	−6.789 77***	54.656 3***	−8.490 44***	58.876 0***	−7.601 78***	68.870 1***
$\ln IS$	0.848 65	14.812 1	−1.823 32**	8.251 39	3.214 17	2.016 68	0.096 02	4.544 05
$\Delta\ln IS$	−10.215 2***	134.928***	−6.704 06***	51.395 8***	−4.392 61***	29.937 1**	−6.527 64***	53.595 2***
$\ln RD$	−11.808 0***	122.725***	1.126 34	42.385 5***	−2.086 42***	11.242 9	−4.664 19***	29.739 9
$\Delta\ln RD$	−18.529 9***	265.937***	−9.743 57***	132.201***	−7.458 47***	66.657 1***	−11.210 1***	94.159 6***
$\ln GR$	0.105 61	35.250 1	−1.099 78	27.620 2	−0.452 32	11.903 1	−0.608 88	15.915 7
$\Delta\ln GR$	−21.001 7***	408.363***	−9.762 35***	79.915 7***	−10.437 2***	99.224 0***	−15.697 1***	179.713***
$\ln GN$	−3.234 46***	67.503 3	−4.269 00***	29.167 2	0.396 62	20.199 3	0.600 04	17.212 7
$\Delta\ln GN$	−14.7354***	182.930***	−6.215 64***	53.738 5***	−10.838 0***	108.603***	−9.816 67***	84.221 3***
$\ln FD$	−6.575 31***	99.833 1***	−5.326 21***	37.118 1**	−2.347 10***	23.125 5	−3.895 57***	22.707 8
$\Delta\ln FD$	−15.826 6***	200.089***	−8.538 82***	67.510 4***	−13.986 6***	65.852 3***	−10.415 3***	62.821 1***

注:***、**、*分别表示在 1%、5%、10% 水平下显著,采用 Schwarz 准则来确定滞后阶数。

5.3.3 面板数据的协整检验

面板数据的协整检验方法主要有两种:一种是基于 E-G 两步法基础上的面板协整检验,具体包括 Pedroni 检验和 Kao 检验;另一种是建立在 Johansen 协整检验基础上的面板协整检验。此处采用基于 E-G 两步法的 Kao 检验来进行面板协整检验,其原假设为不存在协整关系,检验结果如表 5-4 所示。检验结果表明在 1% 的显著性水平下拒绝原假设,说明变量间存在着协整关系即长期均衡关系,可以进行计量分析。

表 5-4　全国及三大区域面板数据协整检验

检验方法	全国		东部		中部		西部	
	统计值	概率	统计值	概率	统计值	概率	统计值	概率
Kao 检验	-7.371	0.000	-6.186	0.000	-5.028	0.000	-4.503	0.000

注：采用 SIC 准则确定滞后阶数。

5.3.4　实证模型的估计

式（5-2）的解释变量中出现了被解释变量的滞后一期，这就意味着解释变量的内生性很难避免。因此我们在进行计量检验时首先要考虑的问题是解决内生性。已有的研究中传统的解决内生性的方法是工具变量法，但是从模型外部选择合适的工具变量有很大难度，比较常见的方法就是选取变量的滞后项作为工具变量。但 Arellano 和 Bond（1991）以及 Arellano 和 Bover（1995）认为，"这种处理方法还是会忽视相当一部分信息"[1]，所以他们提出了一种能极大增加模型使用信息量的差分广义矩估计方法（Different GMM，DIFGMM）。在此基础上，Blundell 和 Bond（1998）认为"标准的差分广义矩估计方法可能存在自变量滞后项与自变量差分滞后项的相关性不高以至于引起弱工具变量的问题。"[2] 如果把自变量差分项的滞后项作为水平方程的工具变量，并且它和自变量当期项的相关性更高，则会得到更有效的工具变量。因此，同时利用这两类工具变量能够显著地提高模型估计的有效性，也就是将差分矩阵和水平矩阵结合的系统广义矩估计法（System GMM，SYSGMM）。同时因为 SYSGMM 估计放松了对经典假定的严格限制，使得误差项的异方差问题不能对估计结果造成不利影响。所以对于全国面板数据我们将主要采用动态面板数据估计方法——SYSGMM 进行回归。而在 SYSGMM 估计中，水平变量的滞后项是差分变量的工具变量，差分变量的滞后项又是水平变量的工具变量，这样就存在工具变量是

---

[1] ARELLANO M, BOND S. Some Tests of Specification for Panel Data: Monte Carlo Evidence and an Application to Employment Equations [J]. Review of Studies, 1991, 58 (2): 277-297; ARELLANO M, BOVER O. Another Look at the Instrumental Variables Estimation of Error Components Models [J]. Journal of Econometrics, 1995, 68 (1): 29-51.

[2] BLUNDELL R, BOND S. Initial Conditions and Moment Restrictions in Dynamic Panel Data Models [J]. Journal of Econometrics, 1998, 87 (1): 115-143.

否有效的问题。我们会使用 Sargan 检验及 AR 检验（Arellano-Bond Test for AR）来进行判断。为了能够了解东、中、西三大区域贸易开放的碳排放效应，这里将同时对三大区域的面板数据进行静态面板估计（之所以采用静态面板估计，是因为 GMM 估计结果在小样本下无效，只有在大样本下才是渐近有效的）。因为我们主要想考察的是三大不同区域的截面差异，而不考虑三大区域内部各个省区个体的变化，所以我们将不会考虑变系数模型。在进行估计时先用个体效应 F 统计量检验模型是否存在个体影响，若不存在将采用混合最小二乘法（Pooled OLS，POLS），若存在则选择变截距模型估计。依据对个体影响处理形式的不同，变截距模型又分为固定效应（Fixed Effect，FE）模型和随机效应（Random Effect，RE）模型。因此我们将通过 Hausman 检验来验证随机效应模型中的个体影响与解释变量是否相关，从而来决定静态面板数据模型是固定效应还是随机效应。

表 5-5 和表 5-6 是被解释变量为二氧化碳排放总量自然对数的全国面板数据的回归结果。模型 1 和模型 4 是采用 SYSGMM 法对全国范围的面板数据进行估计的结果，模型 4 在模型 1 的基础上增加了 $\ln GN$ 和 $\ln FD$ 两个变量。Sargan 检验接受原假设，表明所选取的工具变量是有效的。另外 AR（2）检验接受原假设，说明随机扰动项不存在二阶序列相关。考虑到当 SYSGMM 估计所使用的样本太少或工具变量较弱时，其估计量会产生较大的偏倚，此处运用 Bond（2002）所提出的判断出现较大偏倚的一种方法，即将 SYSGMM 估计量与 POLS 估计量及固定效应估计量进行比较，看被解释变量滞后项的 SYSGMM 估计系数是否处于 POLS 估计系数与固定效应估计系数之间。由表 5-5 和表 5-6 可见，模型 1 和模型 4 中 SYSGMM 估计系数都处于 POLS 估计系数（模型 3 和模型 6）与固定效应估计系数（模型 2 和模型 5）之间，这表明 SYSGMM 估计结果并没有出现较大的偏倚。

表 5-5　全国面板数据回归结果（1）

解释变量	被解释变量 $\ln TC$		
	模型 1（SYSGMM）	模型 2（FE）	模型 3（POLS）
$\ln TC_{it-1}$	0.726 040 1***	0.444 414 4***	0.972 137 1***
	(14.01)	(9.56)	(85.23)
$\ln Y$	0.369 673 2*	1.661 293***	0.669 288 3**
	(1.75)	(4.53)	(2.22)

续表

解释变量	被解释变量 lnTC		
	模型1（SYSGMM）	模型2（FE）	模型3（POLS）
$\ln^2 Y$	−0.0144 923 (−1.23)	−0.065 439*** (−3.29)	−0.035 716** (−2.12)
$\ln TR$	0.046 085 8** (2.53)	0.023 016 2 (0.73)	0.001 518 5 (0.11)
$\ln IS$	0.230 177*** (10.47)	0.078 551 2 (1.45)	0.064 672 (1.52)
$\ln RD$	0.115 692 1*** (5.81)	0.005 322 6 (0.17)	−0.015 013 2 (−1.05)
$\ln GR$	0.016 473 7*** (3.74)	0.029 223 3** (1.96)	0.016 382 3 (1.36)
常数 C	−0.516 819 1 (−0.53)	−4.552 141*** (−3.00)	−3.012 505** (−2.32)
R^2		0.981 7	0.973 1
Adj R^2		0.979 7	0.972 5
（个体影响）F 值		5.27 (0.000 0)	
Hausman 检验		153.68 (0.000 0)	
AR（1）	−1.208 4 (0.226 9)		
AR（2）	−0.103 81 (0.917 3)		
Sargan test	24.415 67 (1.000 0)		
样本	360	360	360

注：回归系数括号内的数为 t（z）值；***、**、* 分别表示1%、5%、10%水平上显著；R^2 为拟合优度；Hausman 检验、Sargan 检验、F 检验和 AR 检验统计值括号里的数

是概率值；在 SYSGMM 估计中，内生变量为 $\ln TR$[①]。SYSGMM 回归结果由 Statal 0.0 并用"xtdpdsys"程序得出，静态面板估计结果均由 Eviews 6.0 得出。

表 5-6　全国面板数据回归结果（2）

解释变量	被解释变量 $\ln TC$		
	模型 4（SYSGMM）	模型 5（FE）	模型 6（POLS）
$\ln TC_{it-1}$	0.740 939 9*** (11.24)	0.430 469 6*** (9.23)	0.967 686 1*** (80.79)
$\ln Y$	0.598 532 4** (2.05)	1.760 38*** (4.66)	0.746 876 4** (2.31)
$\ln^2 Y$	−0.027 231 6* (−1.76)	−0.070 834 1*** (−3.46)	−0.040 000 7** (−2.23)
$\ln TR$	0.047 803 7** (2.23)	0.035 223 3 (1.11)	0.001 538 6 (0.11)
$\ln IS$	0.204 003 1*** (7.97)	0.082 929 (1.54)	0.072 415 (1.57)
$\ln RD$	0.098 596 4*** (3.09)	0.006 827 5 (0.22)	−0.016 217 5 (−1.10)
$\ln GR$	0.019 053*** (5.86)	0.026 975 9* (1.82)	0.013 949 4 (1.13)
$\ln GN$	0.012 975 1 (1.01)	0.043 410 4** (2.09)	0.022 281 9* (1.69)
$\ln FD$	−0.027 734 1* (−1.87)	−0.023 761 9 (−1.35)	−0.013 17 (−1.02)

---

① 贸易开放会促进经济增长。通过进口国外中间品，不仅可以增加国内中间品的数量，而且对进口产品实行逆向工程，本国的研发部门能够获取国外的技术外溢，从而有助于形成本国的自主创新能力，同时，与外部的交流还能够使本国的进出口企业学习到一些隐性的知识，这些都可以使得国内的最终产出增加、提高本国的全要素生产率。而经济增长也会提高贸易开放度，如一个国家是由于贸易之外的因素导致其富裕，该国家也可能拥有良好的基础设施和交通系统，从而有较多的贸易量。

续表

解释变量	被解释变量 lnTC		
	模型4（SYSGMM）	模型5（FE）	模型6（POLS）
常数C	−1.593 659 (−1.22)	−5.055 463 (−3.24)	−3.421 066** (−2.47)
R^2		0.982 0	0.973 3
Adj R^2		0.979 9	0.972 6
（个体影响）F值		5.38 (0.000 0)	
Hausman 检验		129.96 (0.000 0)	
AR（1）	−1.178 9 (0.238 4)		
AR（2）	−0.045 7 7 (0.963 5)		
Sargan test	25.062 26 (1.000 0)		
样本	360	360	360

注：回归系数括号内的数为$t(z)$值；***、**、*分别表示1％、5％、10％水平上显著；R^2为拟合优度；Hausman检验、Sargan检验、F检验和AR检验统计值括号里的数是概率值；在SYSGMM估计中，内生变量为lnTR。SYSGMM回归结果由Stata10.0并使用"xtdpdsys"程序得出，静态面板估计结果均由Eviews 6.0得出。

5.3.4.1 全国整体层面分析

从表5-5中模型1的结果来看：

1. 二氧化碳排放量的一期滞后值对当期二氧化碳排放量有显著的正相关影响，弹性系数为0.726。这说明二氧化碳排放具有一定的惯性，即存在着路径依赖现象，当期二氧化排放量相对前期值不会陡然增加或者减少，这种状况也符合现实经济中存在的一般惯性。

2. 环境库兹涅茨曲线（EKC）在碳排放效应的分析中是否成立。人均GDP的一次项和二次项系数分别为0.369 7和−0.014 5，这说明了人均

GDP 和二氧化碳排放量呈倒 U 形，从而在全国这个样本范围内验证了二氧化碳库兹涅茨曲线假说（CKC），这表明我国的能源使用效率和经济结构特征决定了经济发展对能源消耗的高依赖度。同时也意味着我国未来的经济发展和人均收入的提高将会有助于二氧化碳排放水平的下降。

3. 贸易规模效应。对外贸易依存度的系数为 0.046 1，回归系数在 5% 的显著性水平下为正，这说明对外贸易规模对二氧化碳排放总量具有正的效应，即二氧化碳排放总量随着对外贸易规模的不断提高而增加，中国的对外贸易规模的扩大对环境的影响是负面的，向底线赛跑效应大于环境收益效应，即在大量"中国制造"走向世界的同时，一方面消耗了大量的能源和资源，另一方面促使二氧化碳排放增长。说明中国不断增长的对外贸易规模是引起二氧化碳排放量增加的重要原因之一，这种结果和我们理论分析部分的结论是一致的。

4. 结构效应。重工业比重对中国二氧化碳排放影响较大，而且估计系数在 1% 的显著性水平下为正，表明重工业比重每提高一个百分点，二氧化碳排放将提高 0.230 2%，这符合经济理论的预期。

5. 技术效应。反映技术进步指标的研发水平和二氧化碳排放量在 1% 的水平下显著性正相关，这是和我们的预期相反的，技术进步对减少二氧化碳排放起到了显著的抑制作用，甚至会导致二氧化碳排放量的上升。其主要原因可能是①各地区研发的主要目的并没有投在节能减排上，而且各地区研发的相对值都比较小。②研发对环境质量所起的作用可能并不是直接的，比如技术进步常常是通过改变生产过程的要素密集度或者是要素投入的比例来间接影响二氧化碳排放量的。

6. 规制效应。政府管制变量与二氧化碳排放呈显著正相关，虽然人们普遍认为政府的管制政策是控制碳排放的必要手段，然而本章估计结果显示政府管制措施并未达到有效的目的。如何理解这一结果呢？正像人们对政府政策措施实施的普遍质疑，政府的管制措施是否有效果，还取决于涉及企业的预期反应、信息不对称带来的监督困难和较高的管制成本，特别是政府经常也面临着严格的管制措施所带来的成本与收益的决策问题，从而影响了政府的环境保护管制政策措施的实施效果。

表 5-6 中的模型 4 是在模型 1 的基础上增加了 $lnGN$ 和 $lnFD$ 两个变量，回归结果表明：$lnGN$ 和二氧化碳之间正相关，但不显著。这说明我国虽然目前在全球生产网络中仍然处于价值链的低端，主要分工负责加工贸易的

组装环节，技术含量低，主要依靠低廉的劳动、土地及能源等生产要素，产品附加价值低，对能源的消耗量较大；但和其他影响因素相比全球生产网络的碳排放效应并不显著；外资依存度的系数为负，且在10%的水平上显著。表明外资依存度对二氧化碳排放总量存在负效应，当外资依存度提高1%，二氧化碳排放将降低约0.027 7%，意味着外商直接投资的引入能够减轻二氧化碳排放的压力，这个结果是因为FDI的技术溢出效应引起的。FDI的流入在一定程度上改善了我国的环境质量。至于前期的二氧化碳排放量对当期的二氧化碳排放量的影响、人均GDP的一次和二次项的估计系数、对外贸易依存度、重工业比重、研发水平及政府管制变量对二氧化碳排放量的影响与模型1相似。

5.3.4.2 三大区域比较分析

表5-7中，模型7到模型9描述了三大区域碳排放效应的估计结果。我们首先对模型进行了混合最小二乘估计（Pooled OLS），通过个体影响的F检验，又经过Hausman检验，支持固定效应模型。三个模型的估计结果显著，拟合优度都为99%。但三大区域的估计结果也存在着较大的差异。

表5-7 三大区域静态面板数据模型估计结果[①]

解释变量	被解释变量 $\ln TC$		
	东部	中部	西部
	模型7（FE）	模型8（FE）	模型9（FE）
常数 C	−12.413 26*** (−17.156 57)	−26.472 15*** (−9.185 404)	0.745 245 (1.323 258)
$\ln Y$	3.993 777*** (25.444 00)	7.619 505*** (11.218 97)	−0.886 720*** (−6.912 586)
$\ln^2 Y$	−0.170 077*** (−20.759 05)	−0.380 201*** (−9.885 801)	0.006 701* (1.944 375)

---

① 考虑到横截面的异方差和序列的自相关性是运用静态面板数据模型时可能经常遇到的问题，这时使用最小二乘法可能会产生结果失真，所以为了避免这个问题，对于前面全国范围内的估计使用的是截面加权估计法（Cross Section Weights, CSW）。但对于东、中、西部地区的估计，由于横截面个数小于时序个数，因此使用不相关回归方法（Seemingly Unrelated Regression, SUR）进行估计。

续表

解释变量	被解释变量 lnTC		
	东部	中部	西部
	模型 7（FE）	模型 8（FE）	模型 9（FE）
lnTR	−0.106 042 (−0.965 29)	0.103 046* (22.990 44)	0.049 286 (0.742 681)
lnIS	0.049 302** (2.226 365)	0.197 323*** (5.493 963)	0.007 361 (1.090 832)
lnRD	0.032 581*** (6.811 697)	0.224 447*** (7.722 347)	0.008 574** (2.032 938)
lnGR	−0.007 202*** (−3.309 671)	0.017 108* (1.720 709)	0.004 554** (2.547 323)
lnGN	−0.098 792*** (−16.811 65)	0.061 054*** (−2.734 122)	0.077 998*** (38.082 36)
lnFD	−0.036 099*** (−9.458 533)	−0.032 752*** (−2.917 647)	−0.035 476*** (−16.821 19)
R^2	0.999 655	0.995 171	0.999 776
Adj R^2	0.999 605	0.994 348	0.999 744
Hausman 检验	114.595 172 (0.000 0)	16.83 (0.032 0)	34.284 829 (0.000 0)
个体影响 F 值	470.08 (0.000 0)	72.31 (0.000 0)	89.36 (0.000 0)
样本	143	104	143

注：回归系数括号内的数为 t 值，***、**、* 分别表示 1%、5%、10% 水平上显著；R^2 为拟合优度；Hausman 检验、F 检验统计值括号里为概率值；FE 是固定效应估计，估计结果均由 Eviews 6.0 得出。

1. 人均 GDP 与碳排放曲线呈不同形状。东部地区 lnY 的系数为 3.993 8，$ln^2 Y$ 的系数为 −0.170 1；中部地区 lnY 的系数为 7.619 5，$ln^2 Y$ 的系数为 −0.380 2，均通过了显著性水平检验。这说明东部和中部地区人均 GDP 和二氧化碳排放量呈显著的倒 U 形，CKC 假说成立，即随着经济的快速增长，贸易的二氧化碳排放呈现出显著的先增长后减少的态势。西部地区 $\ln Y$ 的系数为 -0.8867，$\ln^2 Y$ 的系数为 0.0067，均通过了显著性水平检验。由于在西部地区，$\ln Y$ 的系数为负，$\ln^2 Y$ 的系数为正，所以，西部地区的二氧化碳排放曲线呈现出正 U 形，CKC 假说不成立。究其原因，笔者认为，西部地区经济发展较为落后，工业制造业企业较少，随着经济增长，二氧化碳排放会减少。但当达到拐点以后，经济发展到了一定阶段的时候，随着大量基础设施的投资，会导致能源消费的大量增加，此后产生的二氧化碳排放将会日益增加。

2. 区域规模效应各异。东部地区外贸依存度与二氧化碳排放呈负相关，但是该系数在统计上并不显著，说明东部地区的对外贸易商品结构已经发生了一定的变化，低碳产品出口比重的提高导致对外贸易依存度的提高，降低了二氧化碳排放量，只是目前来讲这种影响还不显著。中部地区外贸依存度与二氧化碳排放呈正相关，在10%的水平上显著，表明外贸依存度增加1%，二氧化碳排放量相应增加0.1030%。由表5-5、表5-6及表5-7可见，与全国及其他两个区域相比，中部地区贸易规模对二氧化碳排放的负面影响最大。这一方面因为中部地区承接了东部地区的高耗能产业的转移；另一方面可能和中部地区的资源禀赋有很大的关系，中部的山西、河南等地均是产煤大省，在能源消费结构中，煤炭消费的比重较大，导致中部地区高耗能产品出口比重高于全国其他区域。西部地区外贸依存度和二氧化碳排放呈正相关，但系数在统计上不显著。这说明，西部地区外贸依存度对二氧化碳排放虽然有一定的负面影响，但由于对外贸易规模在国内生产总值中所占比重很小，所以贸易规模的碳排放效应不明显。

3. 结构效应不同。三大区域重工业比重与二氧化碳排放都呈正相关，但西部地区不显著。说明东部地区和中部地区重工业比重对二氧化碳排放影响较大，特别是中部地区系数最大，即重工业比重每提高一个百分点，二氧化碳排放将提高 0.1973%，这是因为长久以来，国家始终实施工业特别是重工业优先发展的导向政策，特别是中部地区的山西、河南等省的煤炭产业，湖北和湖南的汽车制造业以及分布在各省份的钢铁产业都是各省的财政来源和经济支柱，而这些产业都存在能源利用效率偏低、能耗过大的问题。因此要实现节能减排的目标，产业的能源利用效率的提高和产业结构的调整是关键所在。

4. 研发水平对碳排放的影响相同。反映技术进步指标的研发水平和二氧化碳排放量都呈显著性正相关。因此各地区一方面应重视 R&D 的投入，把增加 R&D 经费占 GDP 的比值大小作为考核各地区经济发展的重要指标；另一方面应加大节能减排研究的投入在 R&D 经费支出中所占的比重。

5. 政府管制与碳排放的相关性不同。东部地区政府管制措施对二氧化碳排放表现出一定的积极效果，这说明经济相对发达的东部地区，人们对环境质量的需求相对较高。相反，中部和西部地区由于经济发展水平的限制，人们还处于对环境质量较低的需求水平上，政府管制措施与二氧化碳排放的相关性表明现行政府管制措施不利于环境保护，需加大治理力度。

6. 全球生产网络的碳排放效应不同。东部地区全球生产网络和二氧化碳排放之间呈显著负相关。这说明在东部地区，在全球生产网络中，其比较优势可能已不再局限于传统的碳密集型产业，而可能体现在某些层次结构更高的产品生产阶段上，因此在全球生产网络中所分工进行的生产环节便是相对清洁的。而在中西部地区全球生产网络和二氧化碳排放之间呈显著正相关。这说明我国中西部地区在全球生产网络中仍然处于价值链的低端，主要分工负责加工贸易的组装环节，技术含量低，主要依靠低廉的劳动、土地及能源等生产要素，产品附加值低，能源的消耗量较大。

7. 外资依存度对碳排放的影响相同。三大区域外资依存度和二氧化碳排放量都呈负相关，且在1%的水平上显著。表明 FDI 对二氧化碳排放总量存在负效应，这个结果是由于 FDI 的技术溢出带来的。我国各个区域在大力引进外资的同时也带来了发达国家的一些环境友好型的清洁生产技术，技术的外溢效应使得一部分企业采用先进的绿色技术，在一定程度上提高了能源的使用效率，从而大大改善了生产活动对空气质量的不良影响。

8. 三大区域各省份均存在个体影响差异。东部地区的河北（1.48）、山东（1.22）的正向偏离值较大，即贸易碳排放效应在东部地区较高；而海南（－1.86）、天津（－0.87）的负向偏离值较大，即海南和天津的贸易碳排放效应较低。中部地区的山西（0.87）、河南（0.65）的正向偏离值较大，其贸易碳排放效应在中部地区较高；吉林（－0.48）、江西（－0.37）的负向偏离值较大，其贸易碳排放效应在中部地区较低。西部地区的四川（0.57）和贵州（0.53）的正向偏离值较大，即在西部地区其碳排放水平较高；而青海（－1.42）和宁夏（－0.65）的负向偏离值较大，说明它们的贸易碳排放效应较低。

5.4 结论

本章首先估算了1998—2010年中国30个省区的二氧化碳排放量,采用动态面板数据模型从全国的角度分析了贸易开放对碳排放的影响;采用静态面板数据模型,对东、中、西三大区域贸易开放对碳排放的影响进行了比较研究。主要结论如下:

第一,全国范围的动态面板模型的计量结果显示,碳排放不仅存在路径依赖现象而且也在全国范围内验证了二氧化碳库兹涅茨曲线假说,尽管CKC曲线并不能完整地反映经济发展与碳排放关系的内在要求,但是证明在人均GDP与二氧化碳排放之间存在着库兹涅茨曲线仍然是很有意义的。因为它可以表明政府对随着经济发展阶段的变化所产生的提高环境质量的要求可以做出积极的政策反应(蔡昉,2008);二氧化碳排放总量随着对外贸易依存度的不断提高而增大,表明对外贸易规模是导致二氧化碳排放量增大的重要原因之一;重工业比重对中国二氧化碳排放影响显著,因为中国重工业存在能源利用效率偏低、能耗过大的问题;研发水平对减少二氧化碳排放起到了显著的抑制作用;政府管制变量与二氧化碳排放呈显著正相关,这与人们普遍预期相反;与其他影响因素相比全球生产网络的碳排放效应并不显著;外资依存度对二氧化碳排放具有显著的负效应。

第二,区域静态面板模型的估计结果表明,区域差异明显。①东部地区和中部地区人均GDP与二氧化碳排放量呈显著的倒U形关系,CKC假说成立,但西部地区的二氧化碳排放曲线呈现正U形,CKC假说不成立。②东部地区外贸依存度对二氧化碳排放具有负的效应,但在统计上并不显著;中部地区外贸依存度对二氧化碳排放具有正效应且在10%的水平上显著;西部地区外贸依存度与二氧化碳排放具有正效应,但系数在统计上不显著。③三大区域重工业比重与二氧化碳排放都呈正相关,但西部地区不显著。说明东部地区和中部地区重工业比重对二氧化碳排放影响较大,特别是中部地区系数最大。④各区域反映技术效应指标的研发水平对二氧化碳排放量都呈显著性正相关。⑤东部地区政府管制措施对二氧化碳排放具有负效应且在统计上显著,而中西部地区政府管制措施与二氧化碳排放都具有正效应且在统计上显著。⑥东部地区全球生产网络和二氧化碳排放之间呈显著负相关。而在中西部地区全球生产网络和二氧化碳排放之间呈显著正相关。⑦三大区域外资依存度和二氧化碳排放量都呈负相关,且在1%的水平上显著。

第6章　基于投入产出模型的工业行业贸易开放的碳排放效应

上一章利用中国1998—2010年30个省份的面板数据，采用动态面板及静态面板不同的模型，对全国及东、中、西三大区域贸易开放对碳排放的影响进行比较研究，这对于各区域根据贸易开放程度制定不同的节能减排与低碳经济政策具有一定的指导意义。但"在经济全球化和国际产业分工日益深化的大背景下，一国生产的产品要在多国去消费，一个国家又要消费多个国家的产品。所以，生产、出口高耗能、高排放产品的国家，要承担本应在进口国排放的二氧化碳，而进口消费这些产品的国家，在它们的排放总量的计算中，却没有计算这部分产品的排放量。"[1] 由于各国的经济发展模式不同，在全球气候变化方面承担的责任和义务也应该是有差异的。普遍观点认为，作为"世界工厂"的中国，外商在华直接投资设厂或以外包的形式把碳密集型产品转移至中国生产，生产过程中产生的大量的碳排放留在了中国，而外国再从中国进口这些高能耗的碳密集型产品。实际情况究竟如何，需要具体测算不同行业出口贸易中的碳排放以及进口贸易节约的碳排放。由于中国工业部门占GDP的比重较大，其二氧化碳排放量占中国碳排放总量的84%[2]，且因为与一般的计量回归模型相比，投入产出分析不仅可以考察各个产业部门的最终生产与消费需求以及进出口贸易对碳排放的直接影响，而且还可以将各部门的全部间接投入需求对碳排放造成的影响考虑进来，从而可以评估和分析贸易开放对一国碳排放的全面影响。因此，本章基于环境投入产出模型，估算2001—2010年中国各工业行业的二氧化碳排放系数，测算这一时期中国的贸易含碳量，采用净贸易含碳量指标值检验我国对外贸易的碳平衡问题。在此基础上对各工业行业进出口含碳量及我国贸易含碳量的流向进行分析。

---

[1] 2007年6月《中国应对气候变化国家方案》的新闻发布会上，国家发改委主任马凯的讲话。

[2] 中国人类发展报告2009/10。

6.1 模型及数据来源

6.1.1 环境投入产出模型

投入产出法是一种分析国民经济各部门之间的产品生产与消耗之间的数量依存关系的方法,其也是联系经济活动与环境污染问题的一种较好的研究方法。基于投入产出法的经济环境模型可以分析由生产所造成的直接的和间接的环境影响,利用投入产出技术中的直接消耗系数和完全需求系数可以揭示出产品中的隐含碳,所以它被广泛应用于各国的贸易隐含碳研究。

利用矩阵代数我们可以将 Leontief(1951)投入—产出模型表示为:

$$X = AX + Y \tag{6-1}$$

求解 X,可以得

$$X = (I-A)^{-1}Y \tag{6-2}$$

上式中,Y 代表国民经济中部门的最终需求向量,X 是国民经济中部门的总产出向量;AX 是中间消耗,A 是直接消耗系数矩阵,其元素 $A_{ij}=X_{ij}/X_j$,表示 j 部门生产一单位产品需要消耗 i 部门的直接投入,反映了经济中各部门之间的生产联系,这些联系是通过中间投入或中间消耗发生的;I 是单位矩阵,$(I-A)^{-1}=\{a_{ij}\}$ 是列昂惕夫逆矩阵,也是完全需求系数(或完全消耗系数)矩阵。它的元素 a_{ij} 表示 j 部门生产一单位产品需要消耗 i 部门的直接和间接的投入。为了建立各工业部门的经济贸易活动与二氧化碳排放之间的联系,类似 Antweiler(1996)的方法,将最终需求向量 Y 分解为国内最终需求 Y_d 以及净出口 $(Y_{ex}-Y_{im})$,即 $Y=Y_d+(Y_{ex}-Y_{im})$,这样出口和进口的完全需求就可以分别表示为 $(I-A)^{-1}Y_{ex}$ 和 $(I-A)^{-1}Y_{im}$。通过拓展以上的基本模型,我们推导出的一国进出口碳排放方程如下:

$$C_{ex} = E(I-A)^{-1}Y_{ex} \tag{6-3}$$

$$C_{im} = E(I-A)^{-1}Y_{im} \tag{6-4}$$

$$NC = C_{ex} - C_{im} \tag{6-5}$$

方程(6-3)、(6-4)给出的 C_{ex}、C_{im} 分别表示一国因为出口而带来的二氧化碳排放量和一国通过进口而减少的二氧化碳排放量。Y_{ex} 和 Y_{im} 分别表示各部门的出口和进口需求向量;E 代表各部门的碳排放强度系数矩阵,即各部门每生产单位价值的产出所排放的二氧化碳的量。

应该注意的是，人们经常会直接采用 EY_{ex} 和 EY_{im} 来分别度量出口贸易与进口贸易影响环境的碳排放效应，但这种衡量方法度量的只是进出口贸易对二氧化碳排放的直接影响，所以方法虽然简单，却存在着很大的偏差。因为只是度量进出口贸易对二氧化碳排放的直接影响是远远不能够反映进出口贸易对二氧化碳排放的全部影响的。比如，假定要生产出口一单位的钢铁，在这一单位钢铁的生产过程中会带来一定的二氧化碳排放，这就是前面提到的直接影响。但在钢铁的生产过程中必然要消耗一定的电、铁矿石、焦炭等产品，而电的生产与供应、铁矿石与焦炭的开采也会产生一定的二氧化碳排放，这就是出口一单位钢铁对二氧化碳排放带来的间接影响。所以在研究进出口贸易影响环境的碳排放效应时，就需要同时考虑直接影响和间接影响，而不是仅仅考虑其直接影响，不然计算出来的结果就会出现较大的偏差。使用投入产出法就可以很好地解决上述问题，我们只需在进出口需求向量前面乘二氧化碳的完全排放系数矩阵 $E(I-A)^{-1}$，就能计算出进出口贸易对一国二氧化碳排放带来的全面影响。

另外，利用方程（6-3）直接得出的 C_{ex} 还存在着一个非常明显的问题，即没有考虑中国加工贸易的现实情况。贸易开放以来，加工贸易在中国迅速崛起，为中国对外贸易规模的扩大发挥了重要作用。从 20 世纪 90 年代中期起加工贸易在我国进出口贸易总额中所占的比重就达到将近 50%，是中国保持长期贸易顺差的一个主要原因，加工贸易的重要特点就是大部分中间产品是从国外进口的。而上述模型的一个隐含假设就是所有的中间投入品都是在国内生产，因此每生产一单位中间投入品都会使本国的二氧化碳排放量增加。而如果我们考虑了加工贸易这个因素，情况就不同了，因为中间投入产品可以从国外进口，而进口的中间产品是在国外生产，不会增加本国的二氧化碳排放，所以，如果我们忽略了加工贸易这个因素就会部分高估对外贸易对中国碳排放的影响。也就是说，扣除在直接消耗系数矩阵 A 中包括的进口中间投入品部分，这样计算出来的 C_{ex} 才会精确。但目前我国的投入产出表在编制过程中没有区分中间投入品的国内部分和进口部分，这就需要借助一定的修正方法对最终的出口贸易隐含碳模型进行改动，以便将中间投入品的进口量剔除出去。本书将参照沈利生和吴振宇（2003）提出的方法来剔除中间投入品的进口量。将直接消耗系数矩阵 A 分解成两个部分：

$$A = A^d + A^{im} \qquad (6-6)$$

其中，$A^d = (I-N)A$ 为国内投入需求矩阵，$A^{im} = NA$ 为进口投入系数矩阵。

我们的目的是计算出 A^d，但统计数据不能直接得到 A^d，故考虑将 A^{im} 从 A 中扣除出去。接下来是计算 A^{im}，假定中间投入品中的国内部分与进口部分的比例与相应的最终产品的比例一致，并且所有 j 部门对于 i 部门产品的需求中其进口产品的投入比例是相同的。N 是所有中间投入品中进口部分直接消耗系数的对角线矩阵，且它的对角线元素是 n_{ij}（$i=j$），$n_{ij}=IM_i/(IM_i+X_i-EX_i)$，$i=1,2,\cdots,n$，$IM_i$ 是 i 部门的进口贸易额，EX_i 是 i 部门的出口贸易额，X_i 是 i 部门的总产出。因而我们可以计算出每个部门的这个比例，在投入产出表的直接消耗系数矩阵 A 的每行乘相同的比例就得到了矩阵 A^{im}。我们再根据式（6-6）可以计算出 A^d。

另外还需要说明的是，在进口含碳量方程（6-4）中，应当使用进口来源国的直接消耗矩阵和直接排放系数矩阵来计算，这样计算出来的 C_{im} 才能较准确地反映中国进口产品中的二氧化碳排放量[①]。这里我们设定了一个"假设进口国"作为我国唯一的贸易伙伴，采用我国的主要进口来源国和地区的平均技术作为该"假设进口国"的技术系数[②]，如果要分别获取我国主要进口来源国和地区各部门的完全碳排放系数显然是不切实际的，因此这里基于我国的完全碳排放系数，通过利用国外技术调整系数[③]对我国的完全碳排放系数进行修正，从而得出我国进口产品的完全碳排放系数。

方程（6-5）中所定义的 NC 表示一国净贸易中的碳含量。如果 NC 大于 0，则说明中国的出口含碳量大于进口含碳量，意味着对外贸易对中国二氧化碳排放的综合影响是负面的；如果 NC 小于 0，则说明参与贸易对中国二氧化碳排放的综合影响是积极的。所以，净出口含碳量指标 NC 可以从整体上度量一个国家进行国际贸易的环境影响[④]。

[①] 鉴于获得进口国的直接消耗系数以及直接排放强度系数的数据困难较大，因此现有文献大多数采用替代的办法，如 Mukhopadhyay 和 Chakraborty（2005）、Tunc（2007），即假设进口来源国生产进口商品的技术水平与本国的相同。本书采用的是与目前大多数文献不同的方法。

[②] 我国主要的进口来源国和地区选择欧盟、美国、日本、东盟、中国香港、韩国、中国台湾、俄罗斯、澳大利亚、印度等。

[③] 国外技术调整系数 $=\sum_{i=1}^{10}r_i \cdot \alpha_i$，$r_i$ 为第 i 国或地区工业行业进口额占中国工业行业进口总额的比重，α_i 表示第 i 国或地区碳排放强度与中国碳排放强度的比值。

[④] 彭水军，刘安平. 中国对外贸易的环境影响效应：基于环境投入—产出模型的经验研究[J]. 世界经济，2010（5）：140-158.

6.1.2 数据来源及处理说明

自1987年以来,我国是每五年编制一次投入产出表。基于数据的可获得性和研究的需要,同时也为统一完全能耗系数的计算口径,这里我们将采用2002年和2007年的投入产出表来计算2001—2010年10年间的进出口含碳量情况。本章参照中国2007年的投入产出表的部门分类,又因为本章研究的是工业行业进出口贸易含碳量,所以最终确定了20个工业部门,各部门名称见表6-1。

投入产出表统计项目单位统一为万元。根据投入产出核算框架,所需的数据来自中国投入产出表、中国统计年鉴、中国能源统计年鉴、OECD数据库及国际能源署网站。各类能源的二氧化碳排放系数和上一章相同,即采用国家发改委在《中国应对气候变化国家方案》中提出的二氧化碳排放系数数据,即煤炭、石油、天然气的二氧化碳排放系数分别为2.56吨CO_2/吨标准煤、1.92吨CO_2/吨标准煤、1.45吨CO_2/吨标准煤。

表6-1 工业各部门分类表

	部门名称		部门名称
1	煤炭开采和洗选业	11	化学工业
2	石油和天然气开采业	12	非金属矿物制品业
3	金属矿采选业	13	金属冶炼及压延加工业
4	非金属矿及其他矿采选业	14	金属制品业
5	食品制造及烟草加工业	15	通用、专用设备制造业
6	纺织业	16	交通运输设备制造业
7	纺织服装鞋帽皮革羽绒及其制品业	17	电气机械及器材制造业
8	木材加工及家具制造业	18	通信设备、计算机及其他电子设备制造业
9	造纸印刷及文教体育用品制造业	19	仪器仪表及文化办公用机械制造业
10	石油加工、炼焦及核燃料加工业	20	其他工业

注:其他工业包括工艺品与其他制造业,废品废料,电力、热力、燃气及水的生产和供应业。

由于本章需要用到的是 2002 年和 2007 年中国投入产出表，通过 Excel 的矩阵计算功能，能够得到 2002 年和 2007 年的完全能源消耗系数。但是随着时间的变化，各工业部门的生产技术和能源使用技术都会不断提高，所以，这两年的完全能源消耗系数并不能代表其他各年的完全能源消耗系数，各工业部门对能源的利用水平必然会随着时间的变化而发生一定改变。基于此，本章将以 2002 年为基期的各年不变价格工业万元 GDP 能耗变化指数乘 2002 年的完全能源消耗系数来近似得到 2001 年、2003 年、2004 年、2005 年的完全能源消耗系数。同理，再使用 2007 年的不变价格工业万元 GDP 能耗为基期调整 2006—2010 年的技术系数以得到相应的完全能源消耗系数，按照这种方法获得的各年的完全能源消耗系数虽然会有一定的偏差，但由于时间间隔不是很长，所以并不会影响最终结论。各年能耗变化调整指数见表 6-2。

表 6-2　2001—2010 年能耗变化调整指数

年份	变化调整指数	年份	变化调整指数
2001	0.992 141 779	2006	1.086 127 854
2002	1	2007	1
2003	1.092 880 959	2008	0.857 915 385
2004	1.078 487 143	2009	0.841 893 168
2005	1.155 666 945	2010	0.766 980 542

注：上述数据由各年工业万元 GDP 能耗比上基期工业万元 GDP 能耗而得。其原始数据均来自历年《中国统计年鉴》。

表 6-3　2001—2010 年假设进口国的技术调整系数

年份	调整系数	年份	调整系数
2001	0.333 144 268	2006	0.241 917 012
2002	0.311 722 08	2007	0.248 100 445
2003	0.284 680 768	2008	0.214 804 294
2004	0.239 398 664	2009	0.210 834 600
2005	0.239 938 546	2010	0.188 385 858

在计算假设进口国的技术调整系数时,所需的十大国家或地区工业行业进口额占中国工业行业进口总额的比重可利用 OECD 数据库的相关数据计算得到;十大国家或地区碳排放强度与中国碳排放强度的比值可通过国际能源署网站所提供的各国或地区历年碳排放强度数值进行计算得到。表 6-3 列出了 2001—2010 年假设进口国的技术调整系数。

6.2 实证结果与分析

6.2.1 工业各部门碳排放系数分析

在具体的碳排放系数计算中,剔除了进口中间投入品的影响因素,运用投入产出模型并结合各部门的能源消耗系数,可以计算出 2002 年和 2007 年的碳排放系数,如表 6-4 所示。

表 6-4 2002 年和 2007 年我国各工业行业的完全碳排放系数及构成①

部门分类	2002 完全碳排放系数(万吨/亿元)	2002 直接碳排放系数所占比重	2002 间接碳排放系数所占比重	2007 完全碳排放系数(万吨/亿元)	2007 直接碳排放系数所占比重	2007 间接碳排放系数所占比重
煤炭开采和洗选业	1.969	63.33%	36.67%	2.182	57.93%	42.07%
石油和天然气开采业	1.646	76.67%	23.33%	0.85	48.94%	51.06%
金属矿采选业	0.752	43.62%	56.38%	0.282	40.43%	59.57%
非金属矿及其他矿采选业	1.3	47.23%	52.77%	0.856	33.64%	66.36%

---

① 直接碳排放系数是每万元最终产品在生产过程中通过消耗能源导致的碳排放量,间接碳排放系数是产品在生产中通过中间投入而间接排放的碳量。直接碳排系数和间接碳排系数之和为完全碳排放系数。

续表

部门分类	2002			2007		
	完全碳排放系数（万吨/亿元）	直接碳排放系数所占比重	间接碳排放系数所占比重	完全碳排放系数（万吨/亿元）	直接碳排放系数所占比重	间接碳排放系数所占比重
食品制造及烟草加工业	1.069	35.08%	64.92%	0.61	24.26%	75.74%
纺织业	1.055	34.41%	65.59%	0.6	29.33%	70.67%
纺织服装鞋帽皮革羽绒及其制品业	0.73	11.92%	88.08%	0.501	9.38%	90.62%
木材加工及家具制造业	1.122	14.62%	85.38%	0.621	14.01%	85.99%
造纸印刷及文教体育用品制造业	1.346	37.15%	62.85%	0.969	30.34%	69.66%
石油加工、炼焦及核燃料加工业	3.076	56.21%	43.79%	1.5	51.73%	48.27%
化学工业	2.150	47.63%	52.37%	1.268	41.96%	58.04%
非金属矿物制品业	5.527	68.61%	31.39%	3.158	55.29%	44.71%
金属冶炼及压延加工业	1.332	53.60%	46.40%	0.579	50.43%	49.57%
金属制品业	0.87	14.83%	85.17%	0.39	13.33%	86.67%
通用、专用设备制造业	0.949	14.23%	85.77%	0.501	11.58%	88.42%

续表

部门分类	2002			2007		
	完全碳排放系数（万吨/亿元）	直接碳排放系数所占比重	间接碳排放系数所占比重	完全碳排放系数（万吨/亿元）	直接碳排放系数所占比重	间接碳排放系数所占比重
交通运输设备制造业	0.981	16.72%	83.28%	0.582	8.25%	91.75%
电气机械及器材制造业	0.929	8.83%	91.17%	0.43	3.95%	96.05%
通信设备、计算机及其他电子设备制造业	0.406	10.84%	89.16%	0.145	8.97%	91.03%
仪器仪表及文化办公用机械制造业	0.57	12.98%	87.02%	0.199	9.05%	90.95%
其他工业	1.051	58.42%	41.58%	0.5	36.80%	63.20%

由表6-4可得到以下结论：①中国各工业行业的完全碳排放系数有变小的趋势。和2002年相比，除了煤炭开采和洗选业以外，2007年的各工业部门的完全碳排放系数有不同程度的下降。这主要是因为从2003年起我国针对高耗能产业迅速扩张、能源供求关系日益紧张的矛盾，大力加强"节能"工作，且在"十一五"规划中，将单位GDP能耗降低20%作为国民经济发展的约束性指标。为了实现这一目标，各级地方政府采取了一系列强有力的措施，分期淘汰与关闭了一大批小水泥、小火电、小钢铁等高耗能企业。自2005年起，我国还逐渐降低了高能耗、高污染与资源密集型产品，也就是"两高一资"产品的出口退税率。导致各工业行业部门的完全碳排放系数均有不同程度下降，说明这些政策措施对降低我国各工业行业的能耗强度产生了一定积极效果。②各工业行业的间接碳排放系数与直接碳排放系数相比，分别占到了完全碳排放系数的较大比重。其中，2007年有16个部门的间接碳排放系数所占比重达到了50%以上。间接碳排放系数较高的比

重说明了在研究我国对外贸易含碳量问题中如果是仅仅考察最终产品在生产过程中产生的二氧化碳排放就会造成较大的测度误差，导致所得到的结果不能够反映真实的碳排放情况，进而对贸易含碳量的研究也就没有任何实际意义。因此，运用投入产出表考察各个部门的中间投入品的间接碳排放，就能够得到较为准确的隐含在进出口贸易中的碳排放情况。③非金属矿物制品业，石油加工、炼焦及核燃料加工业，化学工业及煤炭开采和洗选业等重工业行业的完全碳排放系数最高；通信设备、计算机及其他电子设备制造业、仪器仪表及文化办公用机械制造业等行业最低。这个结论和我们的预期结论一致。

6.2.2 总贸易含碳量分析

通过利用 2002 年和 2007 年的完全碳排放系数，经过调整可以得到我国各工业行业其他各年份的相应碳排放系数（见表 6-5、附图 2）。再结合 2001—2010 年假设进口国的技术调整系数可得到 2001—2010 年进口来源国各工业行业完全碳排放系数（见表 6-6、附图 3）。进而计算得到 2001—2010 年 10 年间的工业进出口含碳量及净贸易含碳量，具体计算结果见表 6-7。

表 6-5　2001—2010 年我国各工业行业完全碳排放系数

单位：万吨/亿元

部门分类	2001	2003	2004	2005	2006	2008	2009	2010
煤炭开采和洗选业	1.954	2.385	2.353	2.522	2.370	1.872	1.837	1.674
石油和天然气开采业	1.633	0.929	0.917	0.982	0.923	0.729	0.716	0.652
金属矿采选业	0.746	0.308	0.304	0.326	0.306	0.242	0.237	0.216
非金属矿及其他矿采选业	1.290	0.936	0.923	0.989	0.930	0.734	0.721	0.657
食品制造及烟草加工业	1.061	0.667	0.658	0.705	0.663	0.523	0.514	0.468
纺织业	1.047	0.656	0.647	0.693	0.652	0.515	0.505	0.460
纺织服装鞋帽皮革羽绒及其制品业	0.724	0.548	0.540	0.579	0.544	0.430	0.422	0.384
木材加工及家具制造业	1.113	0.679	0.670	0.718	0.674	0.533	0.523	0.476
造纸印刷及文教体育用品制造业	1.335	1.059	1.045	1.120	1.052	0.831	0.816	0.743

续表

部门分类	2001	2003	2004	2005	2006	2008	2009	2010
石油加工、炼焦及核燃料加工业	3.052	1.639	1.618	1.734	1.629	1.287	1.263	1.150
化学工业	2.133	1.386	1.368	1.465	1.377	1.088	1.068	0.973
非金属矿物制品业	5.484	3.451	3.406	3.650	3.430	2.709	2.659	2.422
金属冶炼及压延加工业	1.322	0.633	0.624	0.669	0.629	0.497	0.487	0.444
金属制品业	0.863	0.426	0.421	0.451	0.424	0.335	0.328	0.299
通用、专用设备制造业	0.942	0.548	0.540	0.579	0.544	0.430	0.422	0.384
交通运输设备制造业	0.973	0.636	0.628	0.673	0.632	0.499	0.490	0.446
电气机械及器材制造业	0.922	0.470	0.464	0.497	0.467	0.369	0.362	0.330
通信设备、计算机及其他电子设备制造业	0.403	0.158	0.156	0.168	0.157	0.124	0.122	0.111
仪器仪表及文化办公用机械制造业	0.566	0.217	0.215	0.230	0.216	0.171	0.168	0.153
其他工业	1.043	0.546	0.539	0.578	0.543	0.429	0.421	0.383

注：①2005年完全碳排放系数之所以反弹，可能和2005年前后我国出现的重工业化趋势有关，一些重工业行业粗放式产能增加，导致单位产值的耗能和排放增加。②在2001—2010年，非金属矿物制品业，石油加工、炼焦及核燃料加工业，煤炭开采和洗选业及化学工业等是碳排放系数较高的行业。而通信设备、计算机及其他电子设备制造业、仪器仪表及文化办公用机械制造业等是碳排放系数较低的行业。

表6-6 2001—2010年进口来源国各工业行业完全碳排放系数

单位：万吨/亿元

部门分类	2001	2003	2004	2005	2006	2008	2009	2010
煤炭开采和洗选业	0.651	0.679	0.563	0.605	0.573	0.402	0.387	0.315
石油和天然气开采业	0.544	0.264	0.219	0.236	0.223	0.157	0.151	0.123
金属矿采选业	0.249	0.088	0.073	0.078	0.074	0.052	0.050	0.041
非金属矿及其他矿采选业	0.430	0.266	0.221	0.237	0.225	0.158	0.152	0.124
食品制造及烟草加工业	0.353	0.190	0.157	0.169	0.160	0.112	0.108	0.088
纺织业	0.349	0.187	0.155	0.166	0.158	0.111	0.107	0.087

续表

部门分类	2001	2003	2004	2005	2006	2008	2009	2010
纺织服装鞋帽皮革羽绒及其制品业	0.241	0.156	0.129	0.139	0.132	0.092	0.089	0.072
木材加工及家具制造业	0.371	0.193	0.160	0.172	0.163	0.114	0.110	0.090
造纸印刷及文教体育用品制造业	0.445	0.301	0.250	0.269	0.255	0.179	0.172	0.140
石油加工、炼焦及核燃料加工业	1.017	0.467	0.387	0.416	0.394	0.276	0.266	0.217
化学工业	0.711	0.395	0.327	0.352	0.333	0.234	0.225	0.183
非金属矿物制品业	1.827	0.983	0.815	0.876	0.830	0.582	0.561	0.456
金属冶炼及压延加工业	0.440	0.180	0.149	0.161	0.152	0.107	0.103	0.084
金属制品业	0.288	0.121	0.101	0.108	0.102	0.072	0.069	0.056
通用、专用设备制造业	0.314	0.156	0.129	0.139	0.132	0.092	0.089	0.072
交通运输设备制造业	0.324	0.181	0.150	0.161	0.153	0.107	0.103	0.084
电气机械及器材制造业	0.307	0.134	0.111	0.119	0.113	0.079	0.076	0.062
通信设备、计算机及其他电子设备制造业	0.134	0.045	0.037	0.040	0.038	0.027	0.026	0.021
仪器仪表及文化办公用机械制造业	0.188	0.062	0.051	0.055	0.052	0.037	0.035	0.029
其他工业	0.347	0.156	0.129	0.139	0.131	0.092	0.089	0.072

注：在2001—2010年，非金属矿物制品业。煤炭开采和洗选业、石油加工、炼焦及核燃料加工业、化学工业等行业具有较高的碳排放系数。

表6-7　2001—2010年中国工业进出口含碳量及净贸易含碳量

年份	出口（亿元）	进口（亿元）	贸易差额（亿元）	总出口含碳量（万吨）	总进口含碳量（万吨）	净贸易含碳量（万吨）
2001	26 821.31	26 112.78	708.53	26 377.43 (13.41%)	9 965.757 (5.07%)	16 411.67 (8.34%)
2002	33 786.59	32 280.31	1 506.28	32 241.04 (14.81%)	11 316.22 (5.20%)	20 924.82 (9.61%)

续表

年份	出口（亿元）	进口（亿元）	贸易差额（亿元）	总出口含碳量（万吨）	总进口含碳量（万吨）	净贸易含碳量（万吨）
2003	46 676.31	44 300.62	2 375.69	24 727.18 (9.70%)	7 897.606 (3.10%)	16 829.58 (6.60%)
2004	64 439.46	59 212.02	5 227.44	32 901.77 (10.78%)	8 745.394 (2.87%)	24 156.38 (7.92%)
2005	82 359.66	69 609.73	12 749.93	44 946.43 (13.34%)	10 857.91 (3.22%)	34 088.52 (10.12%)
2006	102 101.6	81 422.81	20 678.79	51 647.49 (13.84%)	11 815.42 (3.17%)	39 832.07 (10.67%)
2007	121 009.1	92 769.32	28 239.78	58 036.49 (14.32%)	12 821.83 (3.16%)	45 214.66 (11.15%)
2008	128 677.5	96 603.68	32 073.82	55 331.67 (12.41)	10 329.51 (2.32%)	45 002.16 (10.09%)
2009	107 329.5	85 500.32	21 829.18	43 612.44 (9.34%)	8 823.298 (1.89%)	34 789.14 (7.45%)
2010	139 565.9	114 684.7	24 881.2	52 399.45 (10.64%)	9 785.919 (1.99%)	42 613.53 (8.66%)

注：进出口及贸易差额数据来自OECD数据库，第5列至第7列数据据式（6-3）～式（6-5）计算，第5列至第7列括号内为各类含碳量与各行业二氧化碳排放总量的比值。

如表6-7所示，伴随着出口贸易的快速增长，2001—2010年，虽然存在波动，但中国的出口含碳量呈现不断增长的态势。2001年出口含碳量为26 377.43万吨，到2010年增加到52 399.45万吨，年均增长率为7.92%。随着出口含碳量的增加，出口含碳量在各工业部门二氧化碳排放总量中的比重大多数年份都在10%以上，最高的达到14.81%。据此可见，出口贸易已经成为影响中国二氧化碳排放的一个不容忽视的因素，这也就决定了为了实现我国的"节能减排"目标,不能离开外贸增长方式的转变以及降低出口中的隐含碳排放。与出口含碳量的增长态势不同,进口含碳量 2001 年为 9 965.757 万吨,到 2010 年则降为 9 785.919 万吨,虽然在 2005—2007 年这几年有所增长,年均增长率为 8.7%,但 2008 年其又开始下降,且进口含碳量在各工业部门二氧化碳排放总量中的比重也由 2001 年的 5.07% 下降为 2010 年的 1.99%,这意味着近年来进口贸易使中国节约的二氧化碳排放在减少。这说明发达国家通过对华贸易转移了本国大量的二氧化碳排放,中国对外贸易不平衡的背后是二氧化碳排放的不平衡。所以,中国及其出口商品的消费国都应该对中国的二氧化碳排放承担责任,而不能只是单方面地指责中国二氧化碳排放的快速增长。为公平起见,在未来设计国际气候制度时应该考虑国际贸易对碳排放的影响。

  将出口含碳量与进口含碳量进行比较可见,在 2001—2010 年,中国的净贸易含碳量一直为正值,且增长迅速。2010 年净贸易含碳量达到 42 613.53 万吨,相当于各工业部门二氧化碳排放总量的 8.66%。因而总体而言,中国对外贸易对碳排放的综合影响是负面的。中国为满足国外消费将生产这些出口产品的碳排放留在了本国,也可以理解为贸易开放使得中国的贸易伙伴将碳排放转嫁给了我国。本书认为造成这种状况主要是中国巨额的贸易顺差所致。根据式(6-3)～式(6-5)可知,净贸易含碳量主要由两方面的原因引起:贸易顺差和完全碳排放系数。由表 6-5 可见,总体来讲,在 2001—2010 年我国工业行业的完全碳排放系数是在不断降低的,而同一时期中国的贸易顺差却在不断增长,2001 年贸易顺差为 708.53 亿元,到 2010 年时达到 24 881.2 亿元,十年间增长了 34.12 倍。贸易顺差的快速增长是中国长期以来实施的以出口为导向的贸易发展战略的必然结果,特别是 2001 年年底加入世界贸易组织以后,中国的外部环境得到了很大的改善,出口潜能迅速释放。而且长期以来,资源、能源密集型产品在中国对外贸易中占有较高的比重。这表明中国能源消耗和二氧化碳排放的迅速增加,不但是国内投资和消费需求扩张的结果,也是我们的主要进口国家对中国制造的物美价廉商品的大量需求所导致的出口快速增加而引起的。如果没有他们的这种需求,中国经济可能不会如此快速发展,其二氧化碳排放量增长也会相对缓慢,因此,"碳出口"不断增加这个问题应该引起中国政府的高度重视。

6.2.3 贸易含碳量的行业分析

6.2.3.1 出口含碳量分析

表 6-8 和图 6-1 显示了 2001—2010 年我国工业分行业的出口含碳量。出口含碳量排位位居前列的工业行业是化学工业，通信设备、计算机及其他电子设备制造业，纺织服装鞋帽皮革羽绒及其制品业，非金属矿物制品业，通用、专用设备制造业，其他工业，仪器仪表及文化办公用机械制造业及电气机械及器材制造业。其中，化学工业的出口含碳量从 2001 年的 6 168.045 万吨增加到 2010 年的 14 698.24 万吨，增加了 8 530.19 万吨，增长了 1.38 倍，总量及增幅都位居第一。通信设备、计算机及其他电子设备制造业的出口含碳量从 2001 年的 2 934.821 万吨增加到 2010 年的 5 449.058 万吨，增加了 2 514.24 万吨，增长了 0.86 倍。纺织服装鞋帽皮革羽绒及其制品业出口含碳量从 2001 年的 3 378.761 万吨增加到 2010 年的 5 237.659 万吨，增加了 1 858.898 万吨，增长了 0.55 倍，位居第三。非金属矿物制品业出口含碳量从 2001 年的 2 114.189 万吨增加到 2010 年的 4 820.751 万吨，增加了 2 706.562 万吨，增长了 1.28 倍。

表 6-8 2001—2010 年中国分行业出口含碳量 单位：万吨

部门分类	2001	2004	2007	2010
煤炭开采和洗选业	431.405 7	744.077 7	547.483	255.257 4
石油和天然气开采业	216.575 6	114.699 8	185.606 5	108.654 7
金属矿采选业	4.785 435	13.866 53	19.276 44	7.606 279
非金属矿及其他矿采选业	130.301 1	103.256 2	106.254	111.47
食品制造及烟草加工业	953.749 5	877.788 6	1 214.225	1 095.19
纺织业	1 138.139	1 353.648	1 961.98	1 882.202
纺织服装鞋帽皮革羽绒及其制品业	3 378.761	4 244.799	6 391.399	5 237.659
木材加工及家具制造业	261.295 5	333.682 3	536.916 3	359.155 7
造纸印刷及文教体育用品制造业	239.002 4	349.160 1	775.073 5	687.256 2

续表

部门分类	2001	2004	2007	2010
石油加工、炼焦及核燃料加工业	879.628 3	1 145.902	1 532.173	1 602.667
化学工业	6 168.045	7 988.708	15 360.71	14 698.24
非金属矿物制品业	2 114.189	2 780.36	4 850.768	4 820.751
金属冶炼及压延加工业	731.996	1 215.702	3 165.021	1 758.323
金属制品业	669.449 3	693.928	1 349.196	1 101.634
通用、专用设备制造业	1 301.752	1 844.462	4 138.621	3 803.048
交通运输设备制造业	765.570 5	1 123.998	2 512.695	2 782.614
电气机械及器材制造业	1 275.027	1 281.297	2 362.239	2 288.082
通信设备、计算机及其他电子设备制造业	2 934.821	3 533.999	6 110.413	5 449.058
仪器仪表及文化办公用机械制造业	1 103.384	1 547.228	2 321.347	1 965.441
其他工业	1 679.551	1 611.211	2 595.091	2 385.137

注：表中数据根据式（6-3）计算。

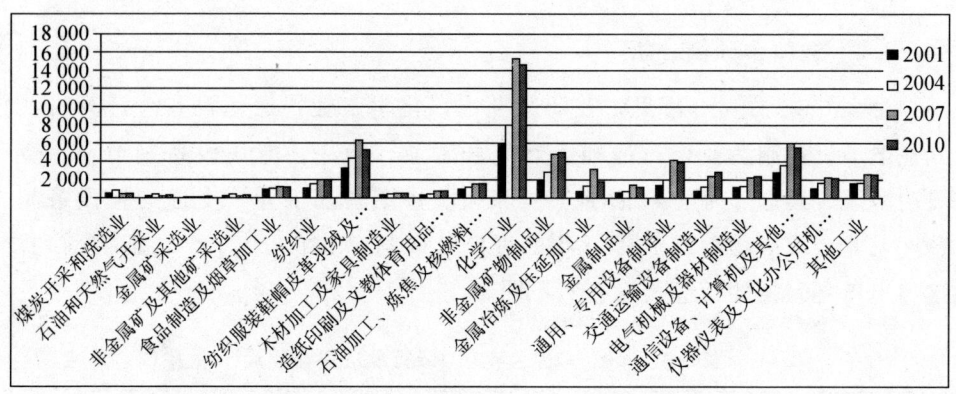

图 6-1 2001—2010 年中国分行业出口含碳量　单位：万吨

数据来源：图中数据根据式（6-3）计算。

由图 6-2 可见，2001—2010 年，通信设备、计算机及其他电子设备制造业，纺织服装鞋帽皮革羽绒及其制品业，化学工业，仪器仪表及文化办公用机械制造业，通用、专用设备制造业及电气机械及器材制造业等行业在工业产品出口总额中所占份额最高。相当明显的是，通信设备、计算机及其他电子设备制造业，纺织服装鞋帽皮革羽绒及其制品业，通用、专用设备制造业及仪器仪表及文化办公用机械制造业等行业出口含碳量较高主要是大量的出口贸易额造成的；非金属矿物制品业的高出口含碳量是由于该行业具有最高的碳排放系数；而化学工业最高的出口含碳量是由高碳排放系数及高出口规模双重原因带来的（见图 6-2、表 6-5）。

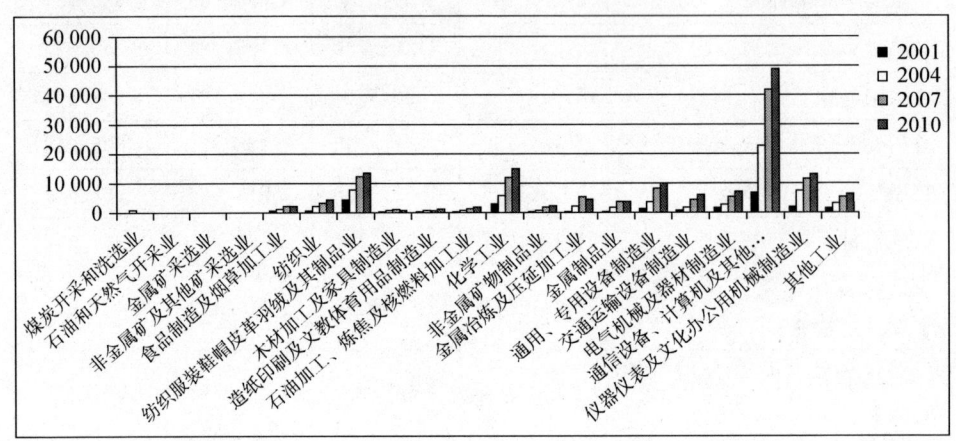

图 6-2　2001—2010 年中国分行业的出口贸易额　　单位：亿元

数据来源：OECD，Stan Bilateral Trade Database。

6.2.3.2　进口含碳量分析

由表 6-9、图 6-3 可见，在研究期内，化学工业，通信设备、计算机及其他电子设备制造业，石油和天然气开采业，通用、专用设备制造业，金属冶炼及压延加工业，石油加工、炼焦及核燃料加工业，交通运输设备制造业及非金属矿物制品业等行业的进口节碳量一直位于 20 个行业的前列。这与出口含碳量的行业构成有所不同。

表 6-9　2001—2010 年中国分行业进口含碳量　　单位：万吨

部门分类	2001	2004	2007	2010
煤炭开采和洗选业	4.824 081	41.999 55	100.916 8	388.401 6
石油和天然气开采业	525.129 5	615.984 7	1 290.287	1 158.255
金属矿采选业	85.646 82	103.699 2	286.084 4	300.517 1
非金属矿及其他矿采选业	45.714 57	52.346 33	76.147 25	48.981 52

续表

部门分类	2001	2004	2007	2010
食品制造及烟草加工业	164.834 9	153.617 3	226.130 2	174.530 8
纺织业	253.497 9	183.910 6	192.387 7	120.535 4
纺织服装鞋帽皮革羽绒及其制品业	148.869 7	60.572 02	60.488 61	23.290 32
木材加工及家具制造业	54.409 85	32.053 87	31.060 02	31.493 65
造纸印刷及文教体育用品制造业	249.128 6	200.366 9	245.217 2	172.206 6
石油加工、炼焦及核燃料加工业	462.477 6	398.775 1	587.526 1	442.480 9
化学工业	4 138.688	3 884.971	5 492.799	3 880.443
非金属矿物制品业	313.628 7	225.246	275.020 3	230.814 9
金属冶炼及压延加工业	644.712 6	494.032 5	675.878 6	445.194 7
金属制品业	79.386 61	51.650 55	72.621 35	50.802 46
通用、专用设备制造业	704.896 6	649.716 1	743.918 1	551.938 2
交通运输设备制造业	298.262	277.657 6	432.741 4	414.402 4
电气机械及器材制造业	327.911 4	261.812 8	379.493 9	257.641
通信设备、计算机及其他电子设备制造业	1 104.863	799.078 6	1 256.277	795.251 9
仪器仪表及文化办公用机械制造业	197.416 1	126.011 7	165.449 8	106.692 8
其他工业	161.459 6	131.890 9	231.384 3	192.044 9

注：表中数据根据式（6-4）计算。

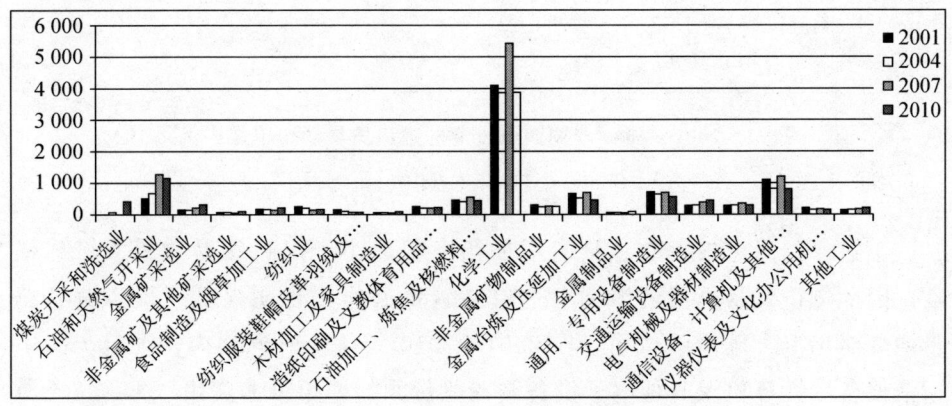

图6-3　2001—2010年中国分行业进口含碳量　单位：万吨

数据来源：图中数据根据式（6-4）计算。

由图6-4可见，通信设备、计算机及其他电子设备制造业，化学工业，通用、专用设备制造业，石油和天然气开采业，金属冶炼及压延加工业及金属矿采选业等行业的进口在工业行业进口总额中所占比重较高。因此，通信设备、计算机及其他电子设备制造业，通用、专用设备制造业等行业较高的进口节碳量主要是由于进口规模引起的；化学工业、石油和天然气开采业、金属冶炼及压延加工业是由高碳排放系数及高进口规模双重原因带来的；而非金属矿物制品业及石油加工、炼焦及核燃料加工业是由于这些行业具有最高的二氧化碳排放系数。由上可见，进口贸易总量的增长也是导致进口节碳量增加的主要原因。进口贸易总量的不断增长是因为中国自开放以来，不仅千方百计地扩大国际市场，而且也非常重视利用国外资源来发展本国经济。因此，中国的进口贸易额以及相应的进口节碳量也随着中国经济的增长有了较大幅度的增加。而且因为加工贸易是中国最主要的贸易方式，在这种具有"大进大出"特征的贸易方式下，出口贸易的快速增加也必然会带动进口贸易的相应增加。

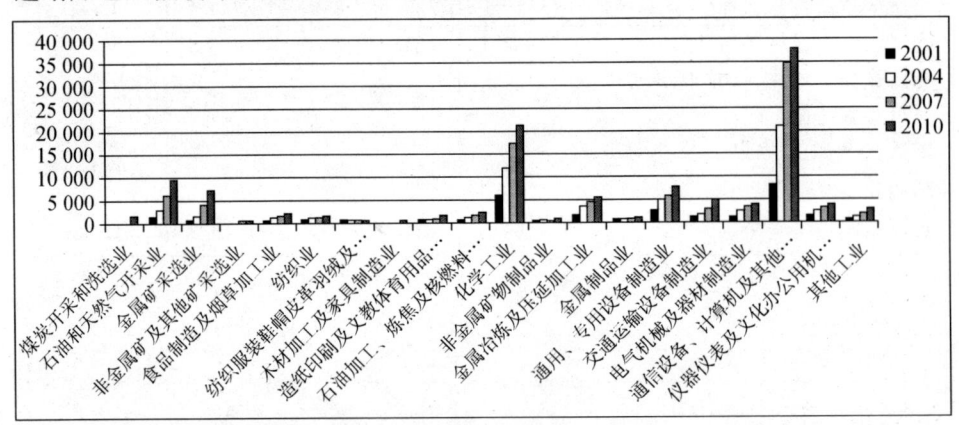

图6-4　2001—2010年中国分行业的进口贸易额　　单位：亿元

数据来源：OECD，Stan Bilateral Trade Database。

不过，因为进口贸易总量的增加幅度明显小于出口贸易总量的增加幅度，因此进口贸易总量的增加对进口节碳量的作用也明显低于出口贸易总量增加对出口含碳量的作用。在2001—2010年整个研究期内，进口产品中通信设备、计算机及其他电子设备制造业份额的增长最为突出（如图6-4所示），而出口产品中通信设备、计算机及其他电子设备制造业份额的增加也是最大的（如图6-2所示）。这一点不仅体现了"大进大出"的加工贸易特征，同时也充分说明中国对这类技术密集型进口品还有较大的依赖性。

6.2.3.3　净贸易含碳量分析

表 6-10 和图 6-5 显示了 2001—2010 年各工业行业净贸易含碳量。在研究期内净贸易含碳量最高的工业行业是化学工业，纺织服装鞋帽皮革羽绒及其制品业，通信设备、计算机及其他电子设备制造业，非金属矿物制品业及通用、专用设备制造业等行业，因此对这些行业应该加以注意。特别是化学工业属于高能耗行业，化工产品在生产过程中需要消耗大量的煤炭、石油等化石能源，不可避免地造成了其比较高的碳排放系数。随着对外贸易规模的不断扩张，加上化工产品传统的出口贸易格局仍然没有改变，即针对该行业的出口主要集中在低附加值、高能耗的基础化工加工原料、农药、橡胶制品等，所有这些因素最终导致了化工行业的高净贸易含碳量。在研究期内，石油和天然气开采业及金属矿采选业净贸易含碳量一直为负值，煤炭开采和洗选业的净贸易含碳量从 2007 年开始大幅度下降，2009 年净贸易含碳量降为 9.57 万吨，到 2010 年净贸易含碳量为 -133.14 万吨。长期以来，我国是世界上的煤炭出口大国，2003 年煤炭出口量位居世界第二位，达到 9 400 万吨。但自 2005 年以后，随着我国政府限制资源密集型产品出口政策的陆续出台，我国的煤炭出口量逐渐减少，但进口量却逐渐上升（2008 年例外），金融危机以后我国政府出台的四万亿元投资直接引起了国内煤炭需求的大量增加以及进口煤炭的大量涌入，使我国彻底由煤炭的净出口国转变为煤炭的净进口国。

表 6-10　2001—2010 年中国分行业净贸易含碳量　　单位：万吨

部门分类	2001	2004	2007	2010
煤炭开采和洗选业	426.581 63	702.078 1	446.566 2	-133.144
石油和天然气开采业	-308.554	-501.285	-1 104.68	-1 049.6
金属矿采选业	-80.861 4	-89.832 6	-266.808	-292.911
非金属矿及其他矿采选业	84.586 54	50.909 87	30.106 77	62.488 44
食品制造及烟草加工业	788.914 6	724.171 3	988.095 3	920.659 5
纺织业	884.641 2	1 169.738	1 769.592	1 761.666
纺织服装鞋帽皮革羽绒及其制品业	3 229.891	4 184.227	6 330.911	5 214.369

续表

部门分类	2001	2004	2007	2010
木材加工及家具制造业	206.885 7	301.628 4	505.856 2	327.662 1
造纸印刷及文教体育用品制造业	−10.126 2	148.793 1	529.856 3	515.049 7
石油加工、炼焦及核燃料加工业	417.150 8	747.127 2	944.647	1 160.186
化学工业	2 029.357	4 103.737	9 867.909	10 817.8
非金属矿物制品业	1 800.56	2 555.114	4 575.748	4 589.936
金属冶炼及压延加工业	87.283 48	721.669 4	2 489.142	1 313.129
金属制品业	590.062 7	642.277 5	1 276.575	1 050.832
通用、专用设备制造业	596.855 2	1 194.746	3 394.703	3 251.11
交通运输设备制造业	467.308 6	846.340 6	2 079.953	2 368.211
电气机械及器材制造业	947.115 7	1 019.484	1 982.745	2 030.441
通信设备、计算机及其他电子设备制造业	1 829.958	2 734.921	4 854.136	4 653.806
仪器仪表及文化办公用机械制造业	905.968 2	1 421.216	2 155.897	1 858.748
其他工业	1 518.091	1 479.32	2 363.707	2 193.092

注：表中数据根据式（6-5）计算。

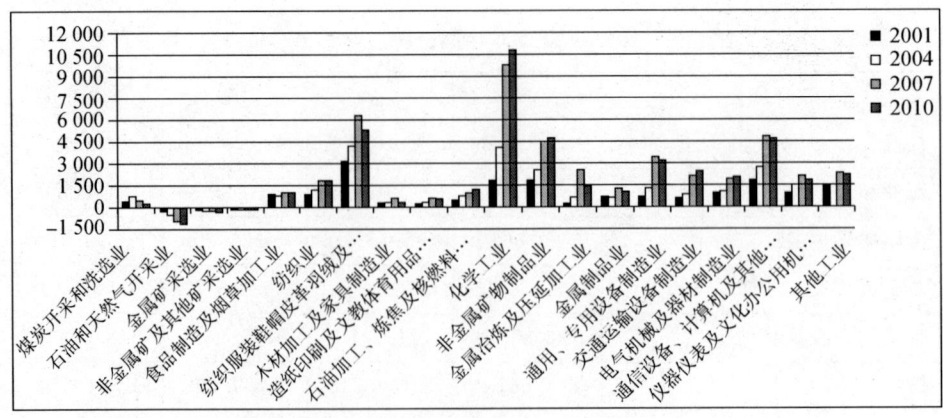

图 6-5 2001—2010 年中国分行业净贸易含碳量　单位：万吨

数据来源：图中数据根据式（6-5）计算。

6.2.4 我国贸易含碳量的主要流向

为了更全面地反映我国的贸易含碳量,本书按前述方法估算了2001—2010年我国与主要贸易伙伴的工业进出口贸易对我国二氧化碳排放的影响,以反映我国贸易含碳量的主要流向。根据商务部及海关总署的统计数据显示,2001—2010年我国的主要贸易伙伴是欧盟、美国、日本、东盟、中国香港、韩国、中国台湾、俄罗斯、澳大利亚及印度等。我国向十大贸易伙伴出口的工业产品占总工业产品出口额的份额及进口的工业产品占总工业产品进口额的份额见附表14。虽然我国与主要贸易伙伴的工业进出口贸易占我国工业产品进出口贸易总额的比重呈逐年递减的趋势,但我国的出口目的地和进口来源地还是非常集中的,这也表明选择这十大贸易伙伴来分析我国的贸易含碳量流向代表性很强。

表6-11显示了2001—2010年中国对主要贸易伙伴的工业出口贸易含碳量。在2001—2010年,中国对十大贸易伙伴出口贸易含碳量从23 223.87万吨增加到41 065.07万吨,但其占中国工业品总出口含碳量的比重却有所下降,从88.04%下降到78.37%。这一期间,美国是中国出口货物含碳量的最大接收者,10年间中国对美国的工业出口贸易含碳量总计为78 550.48万吨(见附表15),占中国工业品总出口含碳量的比重为18.6%。中国对欧盟的工业出口贸易含碳量总和虽然不及美国,但中国对欧盟的工业出口贸易含碳量近几年增长较大,到2007年欧盟已超过美国,成为中国出口贸易含碳量的最大接收者。这主要是因为,2007年欧盟超过美国成为我国的第一大出口市场(见图6-6)。其他比较重要的接收者还有中国香港、东盟、日本等,2010年占中国工业品总出口含碳量的比重分别为10.29%、9.74%及7.92%。

表6-11 2001—2010年我国对主要贸易伙伴出口贸易含碳量

单位:万吨

贸易伙伴	2001	2004	2006	2007	2008	2009	2010
欧盟	4 561.941 (17.29%)	5 831.713 (17.72%)	9 818.627 (19.01%)	11 218.07 (19.33%)	10 672.4 (19.29)	8 241.636 (18.90%)	9 849.734 (18.80%)
美国	5 306.078 (20.12%)	6 537.029 (19.87%)	10 221.64 (19.79%)	10 342.17 (17.82%)	9 158.838 (16.55%)	7 474.228 (17.14%)	8 712.709 (16.63%)
日本	4 260.558 (16.15%)	4 227.551 (12.85%)	5 262.991 (10.19%)	5 237.556 (9.02%)	4 891.79 (8.84%)	3 631.725 (8.33%)	4 150.655 (7.92%)

续表

贸易伙伴	2001	2004	2006	2007	2008	2009	2010
东盟	2 036.416 (7.72%)	2 648.319 (8.05%)	4 123.695 (7.98%)	4 847.878 (8.35%)	4 743.976 (8.57%)	4 267.28 (9.78%)	5 103.528 (9.74%)
中国香港	4 094.713 (15.52%)	4 473.358 (13.60%)	6 323.267 (12.24%)	6 792.853 (11.70%)	5 579.58 (10.08%)	4 574.55 (10.49%)	5 392.624 (10.29%)
韩国	1 396.217 (5.29%)	1 829.537 (5.56%)	2 817.163 (5.45%)	3 142.559 (5.41%)	3 231.619 (5.84%)	2 208.19 (5.06%)	2 572.746 (4.91%)
中国台湾	577.546 3 (2.19%)	871.835 3 (2.65%)	1 263.847 (2.45%)	1 387.235 (2.39%)	1 300.405 (2.35%)	976.924 8 (2.24%)	1 315.13 (2.51%)
俄罗斯	236.684 4 (0.90%)	504.520 8 (1.53%)	923.062 (1.79%)	1 418.517 (2.44%)	1 366.69 (2.47%)	683.592 1 (1.57%)	1 010.622 (1.93%)
澳大利亚	411.081 8 (1.56%)	551.241 9 (1.53%)	800.633 (1.55%)	922.479 9 (1.59%)	952.109 5 (1.72%)	815.672 2 (1.87%)	957.382 5 (1.83%)
印度	342.636 (1.30%)	552.964 2 (1.68%)	1 190.819 (2.31%)	1 658.988 (2.86%)	1 734.238 (3.13%)	1 448.287 (3.32%)	1 999.939 (3.82%)
总计	23 223.87 (88.04%)	28 028.07 (85.19%)	42 745.74 (82.76%)	46 968.31 (80.93%)	43 631.65 (78.85%)	34 322.09 (78.70%)	41 065.07 (78.37%)

注：表中数据根据式（6-3）计算。括号中的数据代表中国对主要贸易伙伴工业品出口含碳量占当年总出口含碳量的比重。

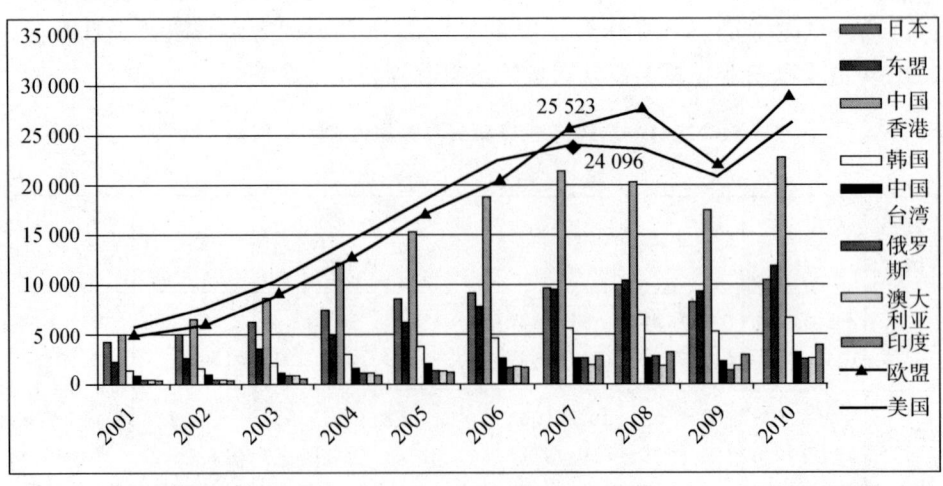

图6-6 2001—2010年中国对十大贸易伙伴的出口 单位：亿元

数据来源：OECD，Stan Bilateral Trade Database。

表 6-12 显示了 2001—2010 年中国从主要贸易伙伴的工业进口贸易含碳量。在 2001—2010 年，中国从十大贸易伙伴进口贸易含碳量从 7 653.569 万吨减少到 6 697.404 万吨，其占中国工业品进口贸易总含碳量的比重也有所下降，从 76.80% 下降到 68.44%。2001—2007 年，由于日本一直是中国进口贸易的主要来源地，中国从日本进口贸易含碳量也一直位居第一，在中国总进口含碳量中的份额是 13% 以上。2008 年以后，虽然日本仍然是中国进口贸易的主要来源地，但中国从欧盟进口贸易的含碳量超过了从日本进口贸易的含碳量，这主要因为 2008 年以后中国从欧盟进口的具有高碳排放系数的化学工业产品的规模超过了日本。(见图 6-7、图 6-8、图 6-9 及附表 16、附表 17)。中国从东盟、韩国、美国和中国台湾进口货物的含碳量在总进口含碳量中所占的比重多数年份都在 7% 以上。中国从余下的几个主要贸易伙伴特别是从中国香港和印度进口货物的含碳量在总进口含碳量中占据的份额较小。

表 6-12　2001—2010 年我国从主要贸易伙伴进口贸易含碳量

单位：万吨

贸易伙伴	2001	2004	2006	2007	2008	2009	2010
欧盟	1 392.16 (13.97%)	1 137.09 (13.00%)	1 441.822 (12.20%)	1 607.788 (12.54%)	1 335.821 (12.93%)	1 223.969 (13.87%)	1 297.375 (13.26%)
美国	877.468 4 (8.80%)	640.869 (7.33%)	864.980 7 (7.32%)	952.025 1 (7.43%)	768.319 3 (7.44%)	667.390 5 (7.56%)	719.927 1 (7.36%)
日本	1 513.637 (15.19%)	1 267.168 (14.49%)	1 588.551 (13.44%)	1 677.854 (13.09%)	1 319.012 (12.77%)	1 052.466 (11.93%)	1 152.829 (11.78%)
东盟	1 007.327 (10.11%)	995.485 7 (11.38%)	1 311.1 (11.10%)	1 355.097 (10.57%)	1 016.857 (9.84%)	945.781 6 (10.72%)	1 145.525 (11.71%)
中国香港	356.528 6 (3.58%)	203.270 3 (2.32%)	220.049 (1.86%)	277.429 (2.16%)	188.409 (1.82%)	131.869 (1.49%)	126.224 6 (1.29%)

续表

贸易伙伴	2001	2004	2006	2007	2008	2009	2010
韩国	991.909 (9.95%)	840.819 5 (9.61%)	1 213.942 (10.27%)	1 270.256 (9.91%)	985.920 1 (9.54%)	790.795 6 (8.96%)	839.739 9 (8.58%)
中国台湾	1 002.018 (10.05%)	808.007 1 (9.24%)	1 015.877 (8.60%)	1 095.754 (8.55%)	793.538 4 (7.68%)	616.271 6 (6.98%)	680.940 1 (6.96%)
俄罗斯	293.661 7 (2.95%)	216.140 2 (2.47%)	320.502 4 (2.71%)	320.337 8 (2.50%)	278.983 2 (2.70%)	227.871 9 (2.58%)	244.282 6 (2.50%)
澳大利亚	137.047 7 (1.38%)	132.983 9 (1.52%)	206.120 7 (1.74%)	235.955 9 (1.84%)	205.745 2 (1.99%)	302.065 8 (3.42%)	326.476 1 (3.34%)
印度	81.811 39 (0.82%)	107.290 6 (1.23%)	154.158 3 (1.30%)	202.596 3 (1.58%)	176.696 9 (1.71%)	129.866 5 (1.47%)	164.084 1 (1.68%)
总计	7 653.569 (76.80%)	6 349.124 (72.60%)	8 337.103 (70.56%)	8 995.093 (70.15%)	7 069.302 (68.44%)	6 088.348 (69.00%)	6 697.404 (68.44%)

注：表中数据根据式（6-4）计算。括号中数据代表中国从主要贸易伙伴工业品进口含碳量占当年总进口含碳量的比重。

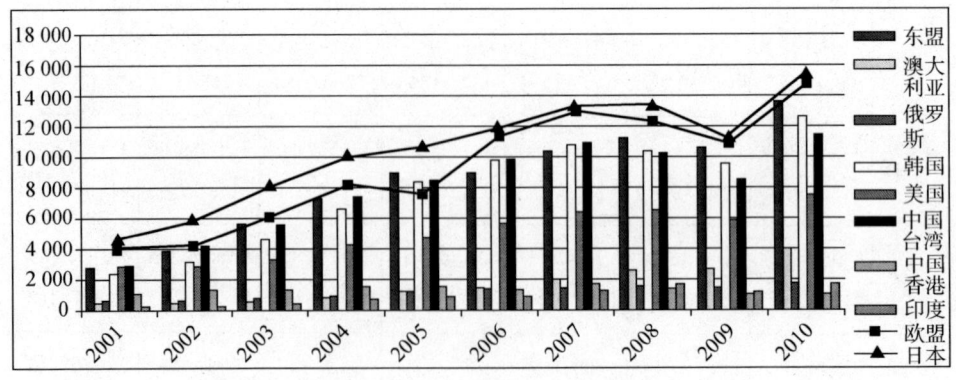

图 6-7　2001—2010 年中国从十大贸易伙伴的进口　单位：亿元

数据来源：OECD，Stan Bilateral Trade Database。

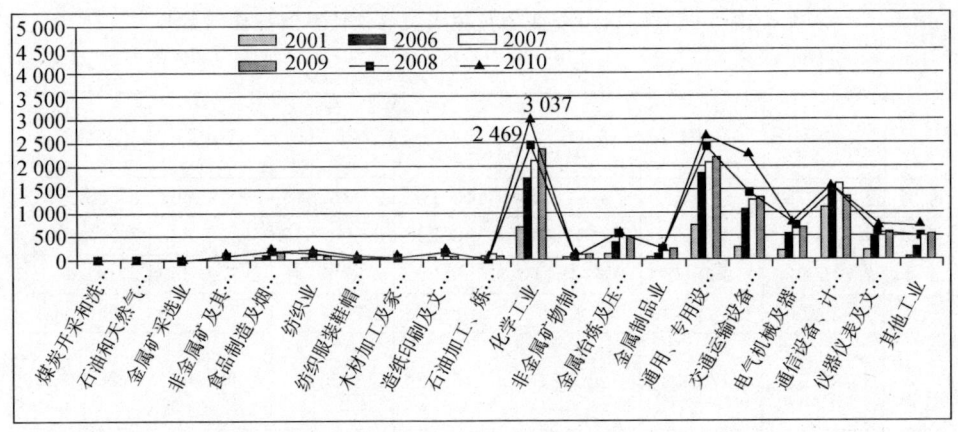

图 6-8 2001—2010 年中国从欧盟的进口 单位：亿元

数据来源：OECD，Stan Bilateral Trade Database。

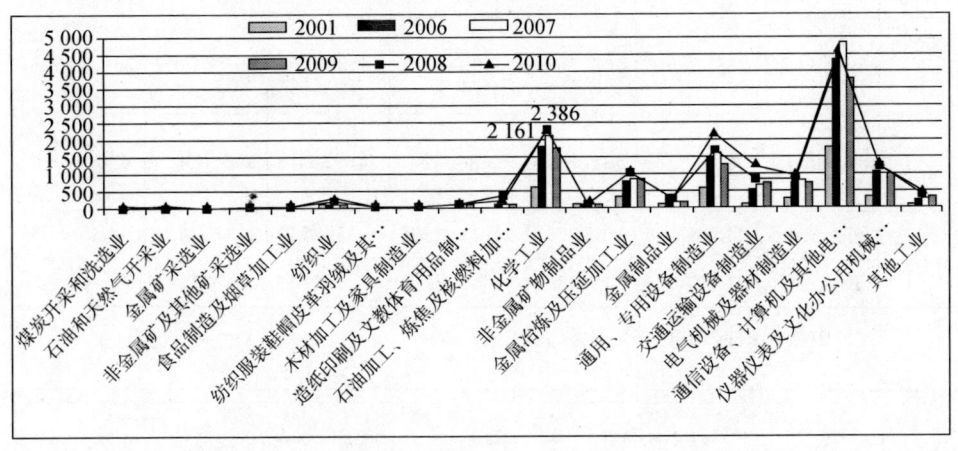

图 6-9 2001—2010 年中国从日本的进口 单位：亿元

数据来源：OECD，Stan Bilateral Trade Database。

表 6-13 与图 6-10 显示了 2001—2010 年中国与主要贸易伙伴的净贸易含碳量情况。除了少数年份以外，中国对主要贸易伙伴是二氧化碳排放的净出口国，这意味着中国承担了很多本应该由进口地承担的二氧化碳排放量。这同时也表明中国对外贸易在存在巨额的贸易顺差的同时，我们的进口贸易伙伴却在享受着巨大的贸易生态利益。

表 6-13　2001—2010 年我国与主要贸易伙伴净贸易含碳量

单位：万吨

贸易伙伴	2001	2004	2006	2007	2008	2009	2010
欧盟	3 169.781	4 694.623	8 376.805	9 610.282	9 336.579	7 017.667	8 552.359
美国	4 428.61	5 896.16	9 356.659	9 390.145	8 390.519	6 806.838	7 992.782
日本	2 746.921	2 960.383	3 674.44	3 559.702	3 572.778	2 579.259	2 997.826
东盟	1 029.089	1 652.833	2 812.595	3 492.781	3 727.119	3 321.498	3 958.003
中国香港	3 738.184	4 270.088	6 103.218	6 515.424	5 391.171	4 442.681	5 266.399
韩国	404.308	988.717 5	1 603.221	1 872.303	2 245.699	1 417.394	1 733.006
中国台湾	−424.472	63.828 2	247.97	291.481	506.866 6	360.653 2	634.189 9
俄罗斯	−56.977 3	288.380 6	602.559 6	1 098.179	1 087.707	455.720 2	766.339 4
澳大利亚	274.034 1	418.258	594.512 3	686.524	746.364 3	513.606 4	630.906 4
印度	260.824 6	445.673 6	1 036.661	1 456.392	1 557.541	1 318.421	1 835.855
总计	15 570.3	21 678.94	34 408.64	37 973.21	36 562.34	28 233.74	34 367.67

注：表中数据根据式（6-5）计算。

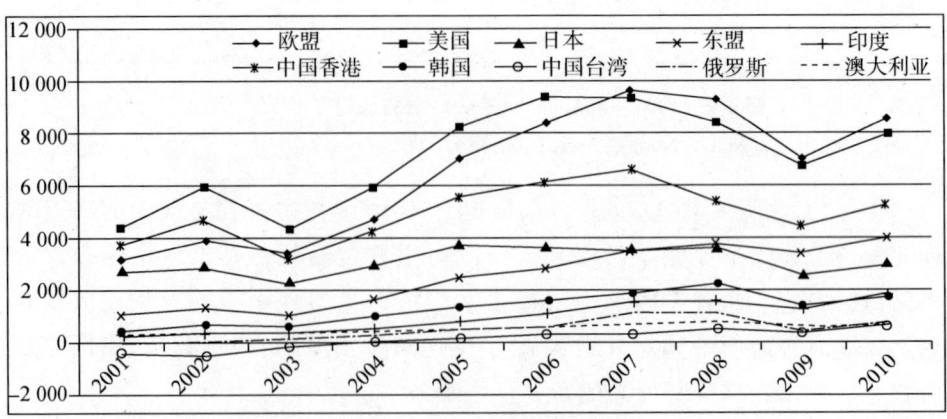

图 6-10　2001—2010 年我国与主要贸易伙伴净贸易含碳量　单位：万吨

数据来源：图中数据根据式（6-5）计算。

6.3 结论

本章基于环境投入产出模型,估算 2001—2010 年中国各工业行业的二氧化碳排放系数,测算这一时期中国的进出口贸易含碳量,采用净贸易含碳量指标值检验我国对外贸易的碳平衡问题。在此基础上对各工业行业进出口含碳量及我国贸易含碳量的流向进行分析。主要结论如下:

第一,2001—2010 年,中国出口含碳量年均增长了 7.92%,由 2001 年的 26 377.43 万吨增加到 2010 年的 52 399.45 万吨,出口含碳量在各工业部门碳排放总量中的比重大多数年份都在 10% 以上,最高时达到 14.81%。据此可见,出口贸易已经成为影响中国二氧化碳排放的一个不容忽略的因素。进口含碳量在各工业部门碳排放总量中的比重由 2001 年的 5.07% 下降为 2010 年的 1.99%,这意味着近年来进口贸易使中国节约的二氧化碳排放在减少。

第二,2001—2010 年,中国的净贸易含碳量一直保持顺差状态,2010 年净贸易含碳量达到 42 613.53 万吨,相当于各工业部门碳排放总量的 8.66%。因而总体而言,中国对外贸易对碳排放的综合影响是负面的。这表明我国的主要进口地通过对华贸易转移了本国或地区很多的二氧化碳排放,中国对外贸易不平衡的背后是二氧化碳排放的不平衡。所以,国际上一味地谴责中国的二氧化碳排放的快速增长是不合理的,中国及其出口商品的接受地都应该对中国的二氧化碳排放的增长承担责任。因此,国际上在设计碳排放分担机制时需要考虑国际贸易对碳排放的作用。

第三,研究期内,中国出口含碳量排位居前的行业是化学工业,纺织服装鞋帽皮革羽绒及其制品业,通信设备、计算机及其他电子设备制造业,非金属矿物制品业,通用、专用设备制造业,其他工业,仪器仪表及文化办公用机械制造业,电气机械及器材制造业。而化学工业,通信设备、计算机及其他电子设备制造业,石油和天然气开采业,通用、专用设备制造业,金属冶炼及压延加工业,石油加工、炼焦及核燃料加工业,交通运输设备制造业及非金属矿物制品业等行业的进口节碳量一直居于前列。这与出口含碳量的行业构成有所不同。2001—2010 年净贸易含碳量最高的工业行业是化学工业,纺织服装鞋帽皮革羽绒及其制品业,通信设备、计算机及其他电子设备制造业等行业。进出口贸易规模的大小以及碳排放系数的高低是影响中国进出口贸易及净贸易含碳量变化的主要原因。

第四，2001—2010 年，中国对十大贸易伙伴出口贸易含碳量从 23 223.87 万吨增加到 41 065.07 万吨，但其占中国工业品总出口含碳量的比重却有所下降，从 88.04% 下降到 78.37%。这一期间，美国是中国出口货物含碳量的最大接收者，10 年间中国对美国的工业出口贸易含碳量总计为 78 550.48 万吨，占中国工业品总出口含碳量的比重为 18.6%。中国对欧盟的工业出口贸易含碳量总和虽然不及美国，但近几年增长较大，在 2007 年欧盟已超过美国，成为中国出口货物含碳量的最大接收者。其他比较重要的接收者还有中国香港、东盟、日本。研究期内，中国从十大贸易伙伴进口贸易含碳量从 7 653.569 万吨减少到 6 697.404 万吨，其占中国工业品进口总含碳量的比重也有所下降，从 76.80% 下降到 68.44%。2001—2007 年，由于日本一直是中国进口贸易的主要来源地，中国从日本进口贸易含碳量也一直位居第一，在中国总进口含碳量中的份额在 13% 以上。2008 年以后，虽然日本仍然是中国进口贸易的主要来源地，但中国从欧盟进口贸易的含碳量超过了从日本进口贸易含碳量，中国从东盟、韩国、美国和中国台湾进口贸易的含碳量在总进口含碳量中所占比重多数年份都在 7% 以上。中国从余下的几个主要贸易伙伴特别是从中国香港和印度进口贸易的含碳量在总进口含碳量中占据的份额较小。

通过本章的分析可知，国际上现行的以产品生产的角度来讨论一个国家的二氧化碳排放和规定他们的减排义务是不合理的，一味地谴责中国在经济发展过程中的大量二氧化碳排放问题是不公平的。中国在大量出口廉价产品，满足全球特别是发达国家消费需求的同时，也将大量的二氧化碳排放留在了国内，为进口地大大减轻了能源与减排压力。因此，正确认识我国的二氧化碳排放问题，厘清责任，将有助于我国在未来的温室气体减排谈判中针对其他国家的指责，有更为合理的解释依据。

第 7 章　研究结论与建议

7.1　结论

本书在国内外现有研究成果的基础上,采用规范研究和实证分析的方法,对贸易开放影响环境的碳排放效应进行了较为深入的研究,主要得到以下几点结论。

第一,国际贸易虽然并不是导致环境污染的根本原因,但是国际贸易确实通过商品的生产、流转和价格而间接地影响环境。环境问题产生的原因在于环境成本的外部化导致了贸易中的产品比较成本优势的扭曲。所以,必须将这些环境的外部性内部化,以促进资源的有效应用和环境的合理保护。在国际贸易中,实行环境成本内部化将会对国际贸易的福利效应产生重要影响。从静态角度分析看,当不采取措施控制环境外部化时,贸易开放的福利影响是不确定的。然而,如果环境的外部化大多被适当的环境政策而内部化,贸易开放和环境作用的结果对福利的影响总的来说是正的。

第二,贸易开放对碳排放的影响通过规模效应、结构效应、全球生产网络效应、技术效应及规制效应等几个渠道实现。贸易规模的扩大客观上要求投入更多的资源、能源,导致碳排放量的增加。如果经济结构和生产技术水平不变,且又缺乏有效的政策法规的监管,环境质量水平将会降低,结构效应产生于贸易开放条件下的专业化分工,贸易壁垒的拆除使具有比较优势的出口部门的生产相应扩张,而其他部门的生产相应收缩,其对碳排放的影响就取决于扩张的出口部门与收缩的其他部门所产生的碳排放的变化量。一般来说,在一国经济发展的初期,贸易开放会导致一国的产业结构向碳排放加重的方向转移,而随着这一国家经济发展水平的日益提高,贸易开放则使产业结构不断向碳排放降低的方向转移。目前以全球生产网络为载体的产品内分工已然成为世界新的国际分工模式。在全球生产网络体系中,虽然发达国家因为拥有资金及技术的优势,往往处于全球价值链的高端环节,负责产品的研发设计等;而发展中国家则处于全球价值链的低端,主要负责产品的生产与组装,技术含量低且能源消耗量大。但对于发展中国家来说，融入全球生产网络下的产品内分工体系当中，其比较优势也可能不再局限于传统的碳密集型产业，还可能会体现在某些层次结构更高的产品生产阶段上，如计算机等高科技产品，参与产品内分工所进行的生产环节也可能是相对清洁的。这是贸易开放影响碳排放的全球生产网络效应。技术效应是指由贸易所带来的生产技术的变化对碳排放的影响程度，贸易开放条件下的技术进步不仅来自于一国的自主创新，而且还取决于对外界先进技术的学习、模仿与吸收，通过贸易开放可促使发达国家向发展中国家转让他们的清洁发展技术，因此，贸易对碳排放影响的技术效应是正向的。与环境有关的国家法律措施、财政措施和进出口贸易措施等都会受到贸易开放的影响，多边贸易体制鼓励使用国际标准，允许高水平的环境保护，随着越来越多的关于环境措施的各种贸易协定的贯彻实施，全球总体的环境水平将会提高。

第三，基于时间序列数据的分析表明贸易开放整体上增大了我国的二氧化碳排放。在研究期内，外贸依存度和外资依存度都是导致我国二氧化碳排放量变化的 Granger 原因，基于 VAR 模型的脉冲响应函数分析表明外贸依存度和外资依存度的冲击响应累计值均为正值，外贸依存度对二氧化碳排放的影响力度要远远大于外资依存度的影响力度。方差分解分析结果显示，外贸依存度和外资依存度对二氧化碳排放的方差分解贡献度都是递增的，但外商直接投资对碳排放的影响较进出口贸易要小。

第四，基于全国动态面板数据模型的分析表明，人均 GDP 与二氧化碳排放量曲线呈显著的倒 U 形，CKC 假说成立；对外贸易规模对二氧化碳排放总量具有正效应，即中国对外贸易规模的增大对环境的影响是负面的；结构效应增加了中国的二氧化碳排放；由自由研发而引起的技术进步对减少二氧化碳排放起到了显著的抑制作用，而由于 FDI 的技术溢出效应使 FDI 的流入在一定程度上减轻了我国二氧化碳排放的压力；政府管制措施却未达到预期有效的目的；全球生产网络效应虽然为正但不显著，说明我国虽然目前在全球生产网络中仍然处于价值链的低端，主要分工负责加工贸易的组装环节，技术含量低，主要依靠低廉的劳动、土地及能源等生产要素，产品附加值低，对能源的消耗量较大，但和其他影响因素相比全球生产网络的碳排放效应并不显著。

基于区域静态面板数据模型的分析表明，人均 GDP 与二氧化碳排放曲线呈不同形状。东部地区和中部地区人均 GDP 与二氧化碳排放量曲线呈显著的倒U形，CKC假说成立，但西部地区的二氧化碳排放曲线呈现正U形，CKC假说不成立；区域规模效应、结构效应、政府管制与碳排放的相关性及全球生产网络的碳排放效应不同，但各区域研发水平与外商直接投资对碳排放的影响相同。

第五，基于环境投入产出模型的中国各工业行业的贸易含碳量分析表明，在研究期内，中国出口贸易含碳量年平均增长了7.92%，出口含碳量在各工业部门碳排放总量中的比重大多数年份都在10%以上，而进口含碳量在各工业部门碳排放总量中的比重由2001年的5.07%下降为2010年的1.99%，中国的净贸易含碳量一直保持顺差状态；净贸易含碳量排位居前的工业行业是化学工业，纺织服装鞋帽皮革羽绒及其制品业，通信设备、计算机及其他电子设备制造业等行业。进出口贸易规模的大小及碳排放系数的高低是影响中国净贸易含碳量变化的主要原因。2001—2010年，中国对十大贸易伙伴出口贸易含碳量从23 223.87万吨增加到41 065.07万吨。这一期间，美国是中国出口货物含碳量的最大接收者，10年间中国对美国的工业出口贸易含碳量总计为78 550.48万吨，中国对欧盟的工业出口贸易含碳量总和虽不及美国，但2007年欧盟已超过美国，成为中国出口货物含碳量的最大接收者。其他比较重要的接收者还有中国香港、东盟、日本。中国从十大贸易伙伴进口贸易含碳量则从2001年的7 653.57万吨减少到2010年的6 697.40万吨，在2001—2007年，因为日本一直是中国进口货物的主要来源地，中国从日本进口货物节碳量也一直位居第一。而在2008年以后，虽然日本仍然是中国进口货物的主要来源地，但中国从欧盟进口货物的节碳量超过了从日本进口货物的节碳量。中国从东盟、韩国、美国和中国台湾进口货物的节碳量在总进口节碳量中所占比例多数年份都保持在7%以上。

7.2 政策建议

为了全面而有效地协调贸易开放与二氧化碳排放之间的关系，使中国的贸易开放与环境保护都能够满足可持续发展的要求，下面基于前文所进行的分析和探讨，提出如下建议。

1. 大力发展低碳型贸易产业。目前和将来，对外贸易仍是中国经济发展的重要驱动力，也是中国扩大国际政治经济影响的重要途径。本书结论说明我国大部分区域到目前为止对外贸易的深化仍是以二氧化碳排放的快速增长为代价的。因此，必须从根本上改变贸易增长以高碳排放为代价的外延式增长模式，加快向低碳贸易新战略转型。为实现转型，国家一方面应转变出口贸易商品结构，降低出口贸易中高碳排放、高能耗、资源性产品所占比重，大力发展低碳型贸易产业。应以提高出口产品附加价值及技术含量的对外贸易政策为指导，加大对出口产品的科学技术投入以促进中国出口贸易结构的高级化，即应当鼓励附加价值率高而能源强度较低的产品，如通信设备、计算机及其他电子设备等的出口。而对能源强度高的产品，如化学工业产品、金属矿物制品以及非金属矿物制品等则应该通过适当的经济、法律和行政手段加以限制。另一方面，应积极鼓励资源密集型和碳密集型产品的进口以减少国内碳密集型产品的生产，从而达到有效保护资源和环境的目的。以上两种措施的实施已经具备了一定的现实基础。因为我国在"十二五"规划中已明确提出，"接下来的五年是深化改革开放、加快转变经济发展方式的攻坚时期"。这个目标的本质内容就是要保证经济和环境的协同发展，这和改变对外贸易增长模式、发展低碳型贸易产业的思想是不谋而合的，表明中国已经具备了转变对外贸易增长模式、发展低碳型贸易产业的政策支持和物质基础。

2. 政府需要加大产业结构的调整力度。一直以来中国集中于工业品的生产制造，在国内生产总值中占40%左右比重的工业耗费了70%左右的能源。虽然中国当前工业化的特点决定了这种高耗能的状况，但我国工业生产中特有的求速不求质的粗放型的增长模式确实加剧了能源消耗的进程。所以，中国应该大力鼓励低能耗的高端制造业及服务业的成长，限制高能耗的低端工业制造品生产的发展，从而加快我国产业结构的调整步伐，力争尽快从粗放型的增长方式向集约型的增长方式转变。只有如此才有可能从根本上降低中国工业生产领域的二氧化碳排放，使中国的生产环节从全球生产网络的低端环节迈向高端环节，从"微笑曲线"的谷底走向高处，从高碳产业走向低碳产业。

在产业结构调整过程中应东、中、西部地区合理布局。在东部地区，因为经济发展已迈入了升级换代的阶段，所以东部地区的部分传统产业向中、西部地区转移就已成为一个必然的趋向。以珠江三角洲为例，"珠三角"的一些传统产业转移到东西两翼、粤北山区，以便腾笼换鸟，以"壮士断腕"的勇气，改变粗放型的增长方式，积极吸引低碳型的高科技产业来粤投资发展。东部各地方政府应尽快制定一系列的政策，对附加价值较高的低碳型产业进行大力鼓励扶持，而对于传统的低附加价值的碳密集型产业应进行严格限制。内地的中部地区，如广西、湖南、江西等地区应依靠邻近沿海经济发达地区的地理优势，积极颁布相关的优惠政策，吸引沿海的一些厂商到本地来投资建厂。西部地区在承接产业转移及产业跨越式的发展过程中必须考虑环境利益，因为污染密集型产业在西部地区拥有相当重要的地位，所以，承接东部地区产业转移有利于西部地区的产业结构升级。然而，东部地区向西部地区转移的产业中仍有不少属于高碳型产业，而且从空间地理和物流成本方面西部地区不如中部地区，因此政府应该统筹兼顾，完善环境经济政策，鼓励企业的环境友好行为，掌握好技术和市场准入门槛，防止技术落后、污染严重的产业及工艺转移到西部地区。

当然，降低二氧化碳碳排放也不能盲目地把希望寄托于产业结构的调整，因为从历史上的配第一克拉克定律、库兹涅茨人均收入理论再到霍夫曼定理[①]等，都说明产业结构有着自己的演变规律。当前中国处于资本积累和经济转型时期，第三产业还无法与发达国家竞争，产业结构的调整必将是一个漫长的循序渐进的过程，这种自然规律不可违背。

3. 加强碳排放的政府规制建设以及规制的监督执行。本书的结论表明，除东部地区之外，全国范围及中西部地区的碳排放政府管制措施与二氧化碳排放都呈显著正相关，这与普遍预期相反的结论可能说明政策选择上存在适用性的问题，但也有政策措施的监督执行不力的问题。因为中国属于低收入的发展中国家，公众的环保观念较差，环保监管法规及制度不健全，环境政策的执行不到位，以致环境成本没有能够纳入到生产成本当中，从而使我国在环境污染品的生产上具有竞争优势，导致重污染型产业不断壮大发展。但我们必须清醒地认识到中国并不具有能源与环境容量的比较优势，特别是如果考虑到中国庞大的人口因素，甚至可以说中国在能源和环境容量方面是相当贫乏的（张友国，2009）。因此，我国一方面应进一步完

---

① 配第一克拉克定理（Petty-Clark Theorem），随着经济的发展和人均国民收入水平的提高，第一产业国民收入和劳动力的相对比重逐渐下降；第二产业国民收入和劳动力的相对比重上升，经济进一步发展，第三产业国民收入和劳动力的相对比重也开始上升。库兹涅茨法则（Kuznets Rule），随着时间的推移，农业部门的国民收入在整个国民收入中的比重和农业劳动力在全部劳动力中的比重处于不断下降之中；工业部门国民收入在整个国民收入中的比重大体上是上升的，但是，工业部门劳动力在全部劳动力中的比重则大体不变或略有上升；服务部门的劳动力在全部劳动力中的比重和服务部门的国民收入在整个国民收入中的比重基本上都是上升的。霍夫曼定理（Hoffman Theorem），工业化进程中工业结构演变的规律，霍夫曼定理又被称作"霍夫曼经验定理"，是指资本资料工业在制造业中所占比重不断上升并超过消费资料工业所占比重。

善政府规制,另一方面应加强规制的执行力度,没有强有力的执行力度,再好的环保规制也只是一纸空文。由于环保规制的实施牵涉到各种集团的利益,中国特色的经济增长动力产生了独特的政府行为,即所谓"促发展的政府"(Developmental Government)(蔡昉等,2008)。地方政府也存在着明显、强烈的 GDP 冲动,担心因施行严格的环境规制而影响到产业或企业的竞争能力,最终影响到经济增长水平。特别是部分地方政府出于自身经济利益考虑,在执行环保规制时姑息纵容,致使我国的环保规制在实施过程中大打折扣。因此,政府不但要颁布环境保护的政策措施而且还要加强监督,特别是对环保意识较差的中西部地区更要加强监督,建议在各地成立环境稽查部门,专门负责环境保护政策措施的监督执行,从而在全国范围内保证政府环保管制政策的实施效果。

4. 突破"节能减排"关键技术,减少对外贸易的碳排放规模。由前文可知,与 2002 年相比,除煤炭开采和洗选业以外,2007 年的各工业部门的完全碳排放系数均有不同程度下降,但降幅比较有限。这主要是由两个因素导致的:一是中国煤炭资源丰富,且价格低廉,使得中国构成了以煤为主的能源消费结构;二是"节能减排"技术,尤其是关键性核心技术缺乏。第一个原因在短时期内较难解决,因此要实现节能减排,必须从技术上入手。依靠技术进步提高能源的利用效率,进而达到碳减排的目的。联合国政府间气候变化专门委员会(IPCC)在第三次评估报告中特别强调,未来在解决温室气体减排中,技术进步是最关键的因素。能源消费方式的改进、能源利用效率的提高都离不开低碳技术的支持。当前中国的二氧化碳减排技术方案中的二氧化碳碳捕获和封存[①]、节能与高效能碳减排技术(包括热电联产技术[②]、洁净煤技术[③]等)、能源替代碳减排技术[④]等的研究都起步较晚,与发达国家相比较,不管是核心技术能力还是实际应用水平都比较低。

[①] 二氧化碳碳捕获和封存(Carbon Capture and Storage, CCS)是指从工业或相关能源的排放源中将二氧化碳分离出来,将其运送至封存地,并使其与大气隔绝。IPCC2005 发布的《关于二氧化碳捕获和封存的特别报告》,将二氧化碳的捕获和封存技术作为减缓气候变化的重要选择方案之一来引起各国对其的关注。

[②] 热电联产是指在火力发电中,电厂锅炉产生的蒸汽驱动汽轮机发电过程中或之后将其抽汽或排汽的热量加以应用,此过程能源利用效率比单纯发电约提高了一倍。

[③] 洁净煤技术主要是指煤炭的洗选、配煤、型煤及粉煤灰的综合利用技术,并向煤炭的气化、液化、高效燃烧与发电技术方向发展。

[④] 能源替代碳减排技术是指通过发展可再生能源技术来支持可再生能源产业的发展,从而达到碳减排的目的。可再生能源技术可细分为水力发电技术、风电技术、生物质能技术、太阳能技术及海洋能技术。

因此，中国要加大自主创新，提高关键节能技术和清洁能源生产技术的投入扶持力度，可在一定程度上减轻以煤炭为主的能源消费结构给我国对外贸易可持续发展带来的压力。

5. 中国一方面要在发展中寻求碳减排之路，另一方面还要据理力争，为中国发展谋取更大的二氧化碳排放空间。本书研究结果显示，近年来中国的出口含碳量增长迅速且数额巨大，出口含碳量在各工业部门二氧化碳排放总量中的比重大多数年份都在10%以上，最高的达到14.81%。这表明出口贸易是导致中国二氧化碳排放增加的一个重要因素，同时也意味着中国的二氧化碳排放中有相当一部分通过贸易而被其他国家和地区消费了。从"共同但有区别责任"视角，中国对这部分二氧化碳排放不该承担责任，并可以此为理由对发达国家提出的"中国气候威胁论""中国毕业生论"[①]进行批驳。因此，在全球碳排放权的分配中，确实不能忽视贸易这一重要因素，至少对中国是如此。正是考虑到贸易与碳排放权公平分配的关系，如何对一个国家的碳排放量进行核算引起了人们的争论。目前有两种相互对立的碳排放核算原则——生产核算原则（production accounting principle）和消费核算原则（consumption accounting principle）。生产核算原则是指一个国家全部的二氧化碳排放量按实际产生的国内各生产过程中二氧化碳的排放量进行核算。消费者核算原则是指根据最终使用的（包括进口的）各种产品或服务进行二氧化碳排放量的核算。非常明显，按上述两种不同方法核算的二氧化碳排放量存在很大的差别，而这个差别就是净贸易含碳量的值。在研究期内中国的净贸易含碳量一直为正值，且增长迅速（除了2008—2009年因为金融危机的影响）。这意味着近年来消费核算原则下中国的二氧化碳排放量低于生产核算原则下的二氧化碳排放量，且两者的差距迅速扩大。所以，在今后的国际气候谈判场合，中国要坚持，看一国的二氧化碳排放不仅看现阶段的排放量，还要看历史累积的排放量以及国家所处的发展阶段，不仅要注意其国内的二氧化碳排放量，还要注意其通过贸易转移的二氧化碳排放量。未来世界碳排放权的分配不仅是气候问题、环境问题，更是世界各国为争取碳排放空间和维护一国生存权、发展权的国际较量，是关系到一国未来发展的经济政治问题。中国目前正处于工业

---

① 2009年11月哥本哈根会议期间，一些发达国家一直试图重新解释"共同但有区别的责任"原则，如日本提出发展中大国与其他发展中国家是有区别的，它们应该"毕业"成为发达国家。即所谓"中国毕业生论"。

化和城镇化快速推进的关键阶段,在今后几十年甚至更长时期内,能源需求与碳排放将继续增长,因此中国要在国际上争取到与其现阶段发展水平相匹配的碳减排空间与碳排放权,争取到中国由传统发展模式向低碳经济发展模式转变的转型时间。

6. 加强同发达国家的低碳合作计划,争取获得发达国家的低碳技术转让与绿色基金支持。在目前形势下,各个国家正在积极应对气候变化,保证能源安全,中国作为发展中国家的大国,应起到表率作用,积极制定低碳发展战略,将低碳转型这一重要策略有序地进行。中国是以煤炭为主要构成的能源消费大国,而且企业的能源利用效率普遍偏低。由于在国际产业分工中我国处于产业链的低端,生产和出口了大量的高碳排放的廉价产品,承担了大量本应由贸易伙伴完成的二氧化碳排放量。作为中国主要贸易伙伴的一些发达国家和地区,如美国、欧盟、日本及韩国等拥有世界上最先进的环境友好型技术[①],我国政府一方面应当大量引进这些低碳技术,另一方面应当促进各地区与这些国家及地区不同的高碳产业的合作,这些国家也应向中国出口其清洁生产技术或提供技术援助。我国也应在坚持"共同但有区别的责任"的条件下,充分利用当前国际清洁发展机制(CDM)、多国基金机制,以及坎昆会议中提出的绿色基金机制,寻求更多的国际低碳技术转让与资金支持。

7. 完善生态税制,通过调控边际成本加强碳约束。当前,我国的税收政策对于环境友好型经济行为的激励主要是通过税收优惠政策来实现的,例如低(零)税率、差别税率、退税、设备加速折旧、投资抵免等。这表明我国税收制度在调整经济行为的环境成本上具有很多的不足和缺陷。因此应针对现有不足,完善税收制度,架构符合当代税收理念的生态税制。具体可采取以下几个方面的措施:①开征新型环境税种,实现税收制度的生态化转型。针对低碳发展所对应的环境资源,逐步开征大气污染税等新型税种,从而配合环境资源产权制度,即在突出环境资源的经济价值的同时,仍然从根本目的上注重人类社会经济行为的环保取向。开征新的税种,注意征收对象的广泛性,确保税收政策环境调节的基础性和常态性。②优化现有税种的环境优惠政策体系,构建协调性税收制度。在开征新税种的同时,应当注重对原有的增值税、消费税、资源税的改革。扩大原有税种的环境调节力度,注重三个方面的调整,一是对调整范围的扩大,如在资

---

① 日、美、德、法、英、韩在清洁能源技术领域的发明创造占世界总量的80%。

源税的征收对象和地区上,可以增加征收的资源类型和地区级别;二是对资源税率的调整,特别是关系到二氧化碳排放的能源资源的税率调整;三是要提高税收优惠政策的体系性和功能性。③注重环境税种的地区性。给予地方政府一定程度上的税收自主,以调动地方政府在低碳发展和治理环境方面的积极性。

8. 优化能源消费结构,提高新能源、可再生能源和绿色能源的比例。受中国资源禀赋的限制,煤炭是中国最主要的能源类别,能源消费结构呈现"多煤少油缺气"的局面,根据《中国统计年鉴》数据,我国 1978—2010 年的能源消费构成如图 7-1 所示。从图 7-1 可见,虽然近年来煤炭消费的比重有一定的下降,石油和天然气消费的比重有一定的上升,但在目前的中国能源消费构成中,煤炭消费仍然占将近 70% 的比重。众所周知,煤炭的含碳量是最高的,石油次之,而标煤天然气碳含量只有标煤煤炭碳含量的 60%,从这个角度分析,在保证我国能源需求的前提下,大力发展低碳或无碳能源,推动能源供应与消费的多样化,是降低因贸易规模扩大带来的二氧化碳排放增加的必然趋势。

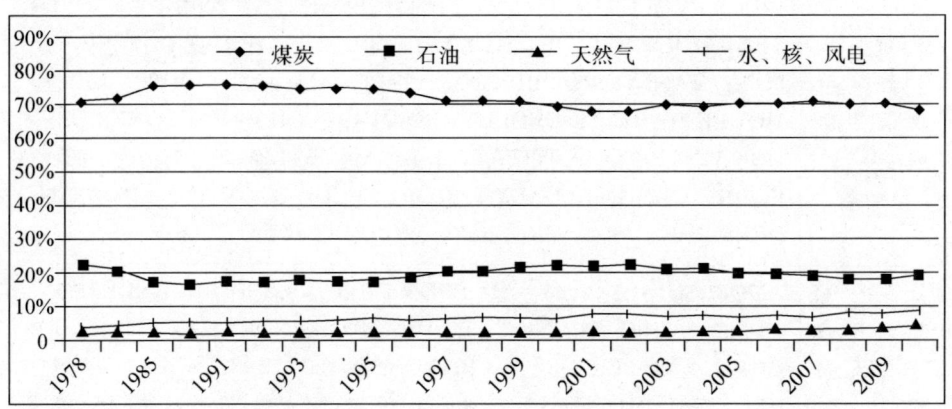

图 7-1　1978—2010 年中国能源消费构成比例

数据来源:历年《中国统计年鉴》。

近年来,新能源的广泛开放、利用使得风能、核能和水能在我国的使用比重不断增加,但是利用水平和比例远远落后于发达国家。因此,我国应该大力发展新能源、可再生能源和绿色能源,从政策、资金、人员、技术等各个方面加大扶持力度,积极发展太阳能、风能、水能、生物能源,并有计划、有步骤、科学合理地发展和利用核能。

附 录

附表 1　国外研究各聚类名称及成员构成

聚类名称	聚类成员
1. 贸易自由化的环境效应	GROSSMAN-GM _ 1993 _ US-MEXICO-FREE-TRADE _ V _ P；JAFFE-AB _ 1995 _ J-ECON-LIT _ V33 _ P132；FREDRIKSSON-PG _ 2003 _ J-PUBLIC-ECON _ V87 _ P1407；CHINTRAKAM-P _ 2006 _ J-ENVIRON-ECON-MANAG _ V52 _ P430；FRANKEL-JA _ 2005 _ REV-ECON-STAT _ V87 _ P85；COPELAND-BR _ 1995 _ AM-ECON-REV _ V85 _ P716；COPELAND-BR _ 1999 _ J-INT-ECON _ V47 _ P137
2. 贸易政策与环境政策的协调	HOLLOWAY-GJ _ 1990 _ HEREDITY _ V64 _ P323；SERVICE-PM _ 1985 _ EVOLUTION _ V39 _ P943；BEGIN-M _ 2001 _ J-EVOLUTION-BIOL _ V14 _ P1；GUNTRIP-J _ 1997 _ HEREDITY-2 _ V78 _ P158；VANNOORDWIJK-AJ _ 1986 _ AM-NAT _ V128 _ P137；HOULE-D _ 1991 _ EVOLUTION _ V45 _ P630；FALCONER-DS _ 1996 _ INTRO-QUANTITATIVE-G _ V _ P；LEE-H _ 1997 _ J-DEV-ECON _ V52 _ P65；DALY-H _ 1994 _ ECOL-ECON _ V9 _ P73；ANDERSON-K _ 1992 _ GREENING-WORLD-TRADE _ V _ P
3. 环境政策与贸易模式	ANDERSON-JE _ 2003 _ AM-ECON-REV _ V93 _ P170；ANDERSON-JE _ 2002 _ REV-ECON-STAT _ V84 _ P342；NORTH-DC _ 1990 _ I-I-CHANGE-EC-PERFOR _ V _ P；ROBISON-HD _ 1988 _ CAN-J-ECON _ V21 _ P187；TOBEY-JA _ 1990 _ KYKLOS _ V43 _ P191；EKINS-P _ 1994 _ ECOL-ECON _ V9 _ P1
4. 贸易与环境的关系	HOTTE-L _ 2000 _ J-DEV-ECON _ V62 _ P25；BRANDER-JA _ 1998 _ J-INT-ECON _ V44 _ P181；CHICHILNISKY-G _ 1994 _ AM-ECON-REV _ V84 _ P851；BRANDER-JA _ 1997 _ RESOUR-ENERGY-ECON _ V19 _ P267；KARP-L _ 2001 _ INT-ECON-REV _ V42 _ P617；COPELAND-BR _ 2003 _ TRADE-ENV-THEORY-EVI _ V _ P；RODRIGUEZ-F _ 2001 _ NBER-MACROECONOMICS _ V _ P；BERNHEIM-BD _ 1986 _ Q-J-ECON _ V101 _ P1；GROSSMAN-GM _ 1994 _ AM-ECON-REV _ V84 _ P833

续表

聚类名称	聚类成员
5. 环境标准与国际竞争力	GURTZGEN-N _ 2000 _ ENVIRON-RESOUR-ECON _ V17 _ P59；RAUSCHER-M _ 1997 _ INT-TRADE-FACTOR-MOV _ V _ P；PORTER-ME _ 1995 _ J-ECON-PERSPECT _ V9 _ P97；KRUTILLA-K _ 1991 _ J-ENVIRON-ECON-MANAG _ V20 _ P127；COPELAND-BR _ 1997 _ 5898-NBER _ V _ P；EDERINGTON-J _ 2003 _ CAN-J-ECON _ V36 _ P137；LUDEMA-RD _ 1997 _ INT-ECON-REV _ V38 _ P605；CHAO-CC _ 1999 _ J-DEV-ECON _ V59 _ P553；SHOVEN-J _ 1992 _ APPL-GEN-EQUILIBRIUM _ V _ P；GROSSMAN-GM _ 1995 _ Q-J-ECON _ V110 _ P353
6. 贸易、经济增长与环境污染	MELITZ-MJ _ 2003 _ ECONOMETRICA _ V71 _ P1695；BERNARD-AB _ 2003 _ AM-ECON-REV _ V93 _ P1268；MELITZ-MJ _ 2008 _ REV-ECON-STUD _ V75 _ P295；FEENSTRA-RC _ 2001 _ CAN-J-ECON _ V34 _ P430；BERNARD-AB _ 2010 _ AM-ECON-REV _ V100 _ P70；PAVCNIK-N _ 2002 _ REV-ECON-STUD _ V69 _ P245；ANTWEILER-W _ 2001 _ AM-ECON-REV _ V91 _ P877；COLE-MA _ 2000 _ TRADE _ LIBERALISATION，V，P
7. 经济增长与环境保护	MILLER-RE _ 1985 _ INPUT-OUTPUT-ANAL-FD _ V _ P；MUNKSGAARD-J _ 2001 _ ENERG-POLICY _ V29 _ P327；ROTHMAN-DS _ 1998 _ ECOL-ECON _ V25 _ P177；DIXIT-AK _ 1980 _ THEORY-INT-TRADE _ V _ P；SELDEN-TM _ 1994 _ J-ENVIRON-ECON-MANAG _ V27 _ P147；ARROW-K _ 1995 _ ECOL-ECON _ V15 _ P91；COASE-RH _ 1960 _ J-LAW-ECON _ V3 _ P1
8. 污染避难所假说	KENNEDY-PW _ 1994 _ J-ENVIRON-ECON-MANAG _ V27 _ P49；MARKUSEN-JR _ 1993 _ J-ENVIRON-ECON-MANAG _ V24 _ P69；MARKUSEN-JR _ 1995 _ J-PUBLIC-ECON _ V56 _ P55；ULPH-A _ 1996 _ J-ENVIRON-ECON-MANAG _ V30 _ P265；BARRETT-S _ 1994 _ J-PUBLIC-ECON _ V54 _ P325；MARKUSEN-JR _ 1998 _ J-INT-ECON _ V46 _ P183；EDERINGTON-J _ 2004 _ ADV-EC-POLICY-ANAL _ V4 _ P；COPELAND-BR _ 1994 _ Q-J-ECON _ V109 _ P755

续表

聚类名称	聚类成员
9. 绿色贸易壁垒	EDERINGTON-J _ 2001 _ AM-ECON-REV _ V91 _ P1580；JOHNSON-HG _ 1953 _ REV-ECON-STUD _ V21 _ P142；BAGWELL-K _ 2002 _ EC-WORLD-TRADING-SYS _ V _ P；FAMA-EF _ 1970 _ J-FINANC _ V25 _ P383；LESMOND-DA _ 1999 _ REV-FINANC-STUD _ V12 _ P1113
10. 贸易与可持续发展	FRANKEL-JA _ 1999 _ AM-ECON-REV _ V89 _ P379；ACEMOGLU-D _ 2001 _ AM-ECON-REV _ V91 _ P1369；*WORLD-BANK _ 2004 _ WORLD-DEV-IND _ V _ P；BLUNDELL-R _ 1998 _ J-ECONOMETRICS _ V87 _ P115；HELPMAN-E _ 1985 _ MARKET-STRUCTURE-FOR _ V _ P；DAVIDSON-R _ 1993 _ ESTIMATION-INFERENCE _ V _ P；HALL-RE _ 1999 _ Q-J-ECON _ V114 _ P83；DEAN-JM _ 2002 _ CAN-J-ECON _ V35 _ P819；ARELLANO-M _ 1991 _ REV-ECON-STUD _ V58 _ P277；ANTLE-J _ 1998 _ AGR-TRADE-ENV-IMPACT _ V _ P
11. 环境库兹涅茨曲线	LUCAS-REB _ 1992 _ INT-TRADE-ENV _ V _ P；GROSSMAN-GM _ 1991 _ 3914-NBER _ V _ P；HATZIPANAYOTOU-P _ 2002 _ CAN-J-ECON _ V35 _ P805；STERN-DI _ 1998 _ ENVIRON _ DEV _ ECON _ V3 _ P173；COLE-MA _ 2004 _ ECOL-ECON _ V48 _ P71
12. 贸易的碳排放效应	COPELAND-BR _ 2004 _ J-ECON-LIT _ V42 _ P7；COPELAND-BR _ 2005 _ J _ ENVIRON _ ECON _ MANAG _ V49 _ P205；COLE-MA _ 2003 _ J-ENVIRON-ECON-MANAG _ V46 _ P363；STERN-N _ 2007 _ EC-CLIMATE-CHANGE-ST _ V _ P；*OECD _ 1996 _ EXP-FRUIT-BOOM-S-THR _ V _ P
13. 环境规制与比较优势	BRANDER-JA _ 1997 _ CAN-J-ECON _ V30 _ P526；PETHING-R. _ 1976 _ J _ ENVIRON _ ECON _ MANAG _ V2 _ P160；MURADIAN-R _ 2001 _ ECOL _ ECON _ V36 _ P281；NOWOSTAWSKI-M _ 2001 _ P-2-INT-WORKSH-CENTR _ P355 _ P
14. 外商直接投资的环境效应	ESKELAND-G-S _ 2003 _ J-DEV-ECON _ V70 _ P1；BALTAGI-BH _ 1995 _ ECONOMETRIC-ANAL-PAN _ V _ P；LAPORTA-R _ 1998 _ J-POLIT-ECON _ V106 _ P1113；WHEELER-D _ 2001 _ J _ ENVIRON DEV _ V10 _ P225

附表 2 国内研究各聚类名称及成员构成

聚类名称	聚类成员
1. 绿色贸易壁垒	傅京燕_2002_/加强环境保护，打破绿色贸易壁垒；宋宇_2003_/技术性贸易壁垒中的非政府行为研究；那力_2002_/WTO与环境保护；卢授永_2003_/国际贸易中的绿色瓶颈制约及其对策；王树义_2002_/从绿色壁垒的双重性看我国应采取的对策；朱晓勤_2001_/WTO与绿色壁垒：若干法律问题分析；赵玉敏_2009_/低碳经济的约束、挑战和机遇；张业军_2009_/"碳关税"传导效应或冲击中国制造业；李静云_2009_/"碳关税"重压下的中国战略；李威_2009_/碳关税的国际法与国际机制研究
2. 贸易与环境的法律协调	Ziegler-Andreas-R._1996_/Trade-and-Environmental-law-in-the-EC；Close-G._1978_/Harmonization-of-Laws：Use-and-Abuse-of-Powers-under-the-EC-Treaty？；经济合作与发展组织_1996_/贸易的环境影响；徐淑萍_2002_/贸易与环境的法律问题研究；许罗丹_1997_/国际贸易中的环境与环境保护问题；曹建明_2000_/国际经济法专论（第6卷）
3. 贸易自由化的环境效应	沈利生_2007_/我国对外贸易结构变化不利于节能降耗；沈利生_2008_/对外贸易对我国污染排放的影响——以二氧化硫排放为例；赵玉焕_2006_/国际投资中污染产业转移的实证分析；张连众_2003_/贸易自由化对我国环境污染的影响分析；彭海珍_2006_/关于贸易自由化对中国环境影响的分析；Copeland-B.R._2004_/Trade；-Growth；-and-the-Environment；叶继革_2007_/我国出口贸易与环境污染的实证分析；许士春_2006_/贸易对我国环境影响的实证分析
4. 贸易、经济增长与环境污染	Suri-V._1998_/Economic-Growth；Trade-and-Energy：Implications-for-the-Environmental-Kuznets-Curve；杨海生_2005_/贸易、外商直接投资、经济增长与环境污染；陈华文_2004_/经济增长与环境质量：关于环境库兹涅茨曲线的经验分析；Xu-X._1999_/Do-Stringent-Environmental-Regulations-Reduce-the-International-Competitiveness-of-Environmentally-Sensitive-Goods？-A-Global-Perspective；赵玉焕_2003_/贸易、经济增长与环境保护的关系研究；Dean-Judith_2002_/Does-Trade-Liberalization-Harm-the-Environment？-A-New-Test；Antweiler-W._2001_/Is-Free-Trade-Good-for-the-Environment

续表

聚类名称	聚类成员
5. 污染避难所假说	王惠珍_2005_/我国加工贸易转型升级的策略思考；李慕菡_2005_/我国国际贸易中污染产品的跨境转移；Grether-M._2003_/Globalization-and-Dirty-Industries；王梦奎_2007_/迈向新增长方式的中国；Kahn-L._1998_/Trade-Liberalization-and-Environmental-Quality；Copeland-B. R._1994_/North-South-Trade-and-the-Environment；Lopez-R._1997_/Environmental-Externalities-in-Traditional-Agriculture-and-the-Impact-of-Trade-Liberalization:-The-Case-of-Ghana；Ederington-J._2003_/Is-Environmental-Policy-a-Secondary-Trade-Barrier?-An-Empirical-Analysis；Esty-D. C._1997_/Market-Access；-Competitiveness；-and-Harmonization：-Environmental-Protection-in-Regional-Trade-Agreements；Chichilnisky-Graciela_1994_/North-South-Trade-and-the-Global-Environment
6. 环境规制与比较优势	Pethig-R._1976_/Pollution_Welfare_and_Environmental_Policy_in_the_Theory_of_Comparative_Advantage；徐建斌_2002_/贸易条件恶化与比较优势战略的有效性；Muradian-Roldan_2001_/Trade-and-the-environment：from-a-'Southern'-perspective；俞剑平_2002_/初级产品出口与绿色贸易政策择优；Porter-G. J._1999_/Trade-competition-and-pollution-standards：'race-to-the-bottom'-or-'stuck-at-the-bottom'；布朗·莱斯特? R.-林自新译_2002_/生态经济：有利于地球的经济构想；戴利·赫尔曼? E.-诸大建译_2001_/超越增长：可持续发展的经济学；钱易_2000_/环境保护与可持续发展；高风_1998_/贸易与环境
7. 贸易政策与环境政策的协调	厉以宁_1995_/环境经济学；张燕文_2004_/贸易自由化的发展对中国生态环境的影响分析；谷祖莎_2005_/贸易、环境与中国的选择；陈建国_2003_/WTO的新议题与多边贸易体制；赵玉焕_2001_/贸易与环境协调问题研究：博士学位论文；叶汝求_2001_/环境与贸易

续表

聚类名称	聚类成员
8. 环境库兹涅茨曲线	Grossman-G. M. _ 1991 _ /Environmental-Impacts-of-a-North-American-Free-Trade-Agreement；Stern-D. _ 1998 _ /Progress-on-the-Environmental-Kuznets-Curve；Stokey-N. L. _ 1998 _ /Are-There-Limits-to- Growth?；Selden-T. M. _ 1994 _ /Environmental-quality-and-development: is-there-a-kuznets-curve-for-air- pollution-emissions?；Grossman-G. M. _ 1991 _ /Innovation-and-Growth-in-the-Global-Economy；兰天 _ 2004 _ /贸易与跨国界环境污染；Kuznets-S. _ 1955 _ /Economic-Growth-and-Income-Inequality；Copeland-B. R. _ 1995 _ /Trade-and-Transboundary-Pollution；张军 _ 2004 _ /中国省际物质资本存量估算：1952-2000；Grossman-G. M. _ 1995 _ /Economic-Growth-and-the-Environment
9. 贸易与可持续发展	Warner-Emillie _ 2003 _ /Sustainable-Development-Goals-and-Trade；Panayotou-Theodore _ 2000 _ / Globalization-and-Environment；林毅夫 _ 2001 _ /必要的修正——对外贸易与经济增长关系的再考察；杨红强 _ 2004 _ /贸易可持续发展的环境保护评价指标研究；安德森·托马斯 _ 1998 _ /环境与贸易——生态、经济、体制和政策
10. 环境标准与国际竞争力	Baumol-W. J. _ 1971 _ /Environmental-Protection；International-Spillovers；and-Trade；傅京燕 _ 2005 _ /国外有关贸易与环境问题的研究进展及启示；Porter-M. A. _ 1995 _ /Towards-a-new-conception-of-the- environment-competitiveness-relationship；王军 _ 2004 _ /贸易和环境研究的现状与进展；Bhagwati-J. _ 1993 _ /Case-for-Free-Trade；Grossman-G. M. _ 1993 _ /Environmental-impacts-of-a-North- American-Free-Trade-Agreement；Hettige-H. _ 1992 _ /Toxic-Intensity-of-Industrial-Production：Global- Patterns；Trends；and-Trade-Policy
11. 贸易与环境的关系	陈建国 _ 2001 _ /贸易与环境：经济 法律 政策；李伟芳 _ 1998 _ /保护我们的环境——投资贸易新课题；陆穗峰 _ 1997 _ /环境保护与对外贸易；蒋勇 _ 2000 _ /关于贸易与环境关系的几点认识及其对我国的启示；何晓军 _ 1997 _ /绿色经济的蓝图；钟伟清 _ 1997 _ /环境与贸易关系问题的实质；徐立青 _ 2000 _ /关于可持续发展与对外贸易的关系；颜世黉 _ 1999 _ /环境浪潮与中国对策；徐嵩龄 _ 2000 _ /因压而飞——入世后中国环境与贸易展望；戴星翼 _ 1998 _ /走向绿色的发展

续表

聚类名称	聚类成员
12. 外商直接投资的环境效应	马丽_2003_/外商投资对地区资源环境影响的机制分析；姚树洁_2006_/外商直接投资和经济增长的关系研究；Dua-A._1997_/Sustaining-the-Asia-Pacific-Miracle；陈红蕾_2007_/我国贸易自由化环境效应的实证分析；应瑞瑶_2006_/外商直接投资、工业污染与环境规制——基于中国数据的计量经济学分析；Wheeler-D._2001_/Racing-to-the-Bottom?-Foreign-Investment-and-Air-Pollution-in-Developing-Countries
13. 经济增长与环境保护	宋涛_2007_/基于Weibull函数和Gamma函数的环境污染与经济增长的关系；Meadows-D. H._1972_/Limits-to-Growth：a-report-for-the-Club-of-Rome's-project-on-the-predicament-of-mankind；于峰_2006_/经济增长对环境影响的实证分析：基于1999—2004年间各省市的面板数据；Hilton-F. G. H._1998_/Factoring-the-Environmental-Kuznets-Curve：-Evidence-from-Automotive-Emissions；
14. 环境政策与贸易模式	马树才_2006_/中国经济增长与环境污染关系的Kuznets曲线；陆菁_2006_/贸易与环境经济分析的实证研究述评；赵细康_2003_/环境保护与产业国际竞争力：理论与实证分析；张梅_2006_/广东出口贸易对环境影响的实证分析；沈荣珊_2006_/贸易自由化环境效应的实证研究；Tobey-J. A._1990_/Effects-of-Domestic-nvironmental-Policies-on-Patterns-of-World-Trade：-An-Empirical-Test；Walter-I._1979_/Environ mental-Policies-in-Developing-Countries；张晓_1999_/中国环境政策的总体评价；Torras-M._1998_Income；inequality-and-pollution：a-reassessment-of-the- environmental-Kuznets-curve
15. 贸易的碳排放效应	李秀香_2004_/出口增长对我国环境影响的实证分析——以CO_2排放量为例；刘强_2008_/中国出口贸易中的载能量及碳排放量分析；齐晔_2008_/中国进出口贸易中的隐含碳估算；杨红强_2005_/《京都议定书》机制下碳贸易与环保制约的协调；Shui-B._2006_/Role-of-CO_2-Embodiment-in-US-China-Trade；何正霞_2009_/经济增长与环境污染关系的实证研究——以江苏省为例；Kondo-Y._1998_/CO_2-Emissions-in-Japan：-Influences-of- Imports-and-Exportsal-Environment

续表

聚类名称	聚类成员
16. 对外贸易的能源代价	张友国_2009_/中国贸易增长的能源环境代价;陈迎_2008_/中国外贸进出口商品中的内涵能源及其政策含义;Ang-B. W. _2001_/A-New-Energy-Decomposition-Method;-Perfect-in-Decomposition- and-Consistent-in-Aggregation;罗堃_2007_/我国污染密集型工业品贸易的环境效应研究
17. WTO 中的贸易与环境问题	国务院发展研究中心课题组_2009_/全球温室气体减排:理论框架和解决方案;周杰_2005_/WTO体系下贸易与环境的法律协调:发展中国家视角;赵玉焕_2002_/贸易与环境:WTO新一轮谈判的新议题;陈卫东_2002_/WTO例外条款解读;任建兰_2001_/WTO的基本贸易规则和环境保护的约束冲突分析

附表3 1981—2010年我国货物贸易进出口额及年增长率

年份	进出口总额（亿美元）	进出口增长率	出口额（亿美元）	出口增长率	进口额（亿美元）	进口增长率	贸易差额（亿美元）
1981	440.3	16.4%	220.1	20.4%	220.2	12.6%	−0.1
1982	416.1	−5.50%	223.2	1.41%	192.9	−12.40%	30.3
1983	436.2	4.83%	222.3	−0.40%	213.9	10.89%	8.4
1984	535.5	22.76%	261.4	17.59%	274.1	28.14%	−12.7
1985	696	29.97%	273.5	4.63%	422.5	54.14%	−149
1986	738.4	6.09%	309.4	13.13%	429.1	1.56%	−119.7
1987	826.5	11.93%	394.4	27.47%	432.1	0.70%	−37.7
1988	1 028	24.38%	475.2	20.49%	552.7	27.91%	−77.5
1989	1 116.8	8.64%	525.4	10.56%	591.4	7.00%	−66
1990	1 154.4	3.37%	620.9	18.18%	533.5	−9.79%	87.4
1991	1 357	17.55%	719.1	15.82%	637.9	19.57%	81.2
1992	1 655.3	21.98%	849.4	18.12%	805.9	26.34%	43.5
1993	1 957	18.23%	917.4	8.01%	1 039.6	29.00%	−122.2
1994	2 366.2	20.91%	1 210.1	31.91%	1 156.1	11.21%	54

续表

年份	进出口总额（亿美元）	进出口增长率	出口额（亿美元）	出口增长率	进口额（亿美元）	进口增长率	贸易差额（亿美元）
1995	2 808.6	18.70%	1 487.8	22.95%	1 320.8	14.25%	167
1996	2 898.8	3.21%	1 510.5	1.53%	1 388.3	5.11%	122.2
1997	3 251.6	12.17%	1 827.9	21.01%	1 423.7	2.55%	404.2
1998	3 239.5	−0.37%	1 837.1	0.50%	1 402.4	−1.50%	434.7
1999	3 606.3	11.32%	1 949.3	6.11%	1 657.0	18.15%	292.3
2000	4 742.9	31.52%	2 492.0	27.84%	2 250.9	35.84%	241.1
2001	5 096.5	7.46%	2 661.0	6.78%	2 435.5	8.20%	225.5
2002	6 207.7	21.80%	3 256.0	22.36%	2 951.7	21.19%	304.3
2003	8 509.9	37.09%	4 382.3	34.59%	4 127.6	39.84%	254.68
2004	11 545.5	35.67%	5 933.3	35.39%	5 612.3	35.97%	321
2005	14 219.1	23.16%	7 619.5	28.42%	6 599.5	17.59%	1 020
2006	17 604	23.81%	9 689.8	27.17%	7 914.6	19.93%	1 775.2
2007	21 737.3	23.48%	12 204.6	25.95%	9 561.2	20.80%	2 643.44
2008	25 632.6	17.92%	14 306.9	17.23%	11 325.7	18.45%	2 981.23
2009	22 075.4	−13.88%	12 016.1	−16.01%	10 059.2	−11.18%	1 956.87
2010	29 740.0	34.72%	15 777.5	31.30%	13 962.4	38.80%	1 815.103

数据来源：历年《中国统计年鉴》。

附表4 1981—2010年我国加工贸易进出口额及占比

年份	我国出口总额（亿美元）	加工贸易出口额（亿美元）	加工贸易出口占比	我国进口总额（亿美元）	加工贸易进口额（亿美元）	加工贸易进口占比
1981	220.10	11.31	5.14%	220.20	15.04	6.83%
1982	223.20	0.53	0.24%	192.90	2.76	1.43%
1983	222.30	19.44	8.74%	213.90	22.72	10.62%
1984	261.40	29.29	11.21%	274.10	31.47	11.48%
1985	273.50	33.16	12.12%	422.50	42.74	10.12%
1986	309.40	56.20	18.16%	429.10	67.03	15.62%

续表

年份	我国出口总额（亿美元）	加工贸易出口额（亿美元）	加工贸易出口占比	我国进口总额（亿美元）	加工贸易进口额（亿美元）	加工贸易进口占比
1987	394.40	89.94	22.80%	432.10	101.91	23.58%
1988	475.20	140.60	29.59%	552.70	151.05	27.33%
1989	525.40	197.85	37.66%	591.40	171.64	29.02%
1990	620.90	254.20	40.94%	533.50	187.60	35.16%
1991	719.10	324.30	45.10%	637.90	250.30	39.24%
1992	849.40	396.20	46.64%	805.90	315.40	39.14%
1993	917.40	442.50	48.23%	1 039.60	363.70	34.98%
1994	1 210.10	569.80	47.09%	1 156.10	475.70	41.15%
1995	1 487.80	737.00	49.54%	1 320.80	583.70	44.19%
1996	1 510.50	843.30	55.83%	1 388.30	622.70	44.85%
1997	1 827.90	996.02	54.49%	1 423.70	702.06	49.31%
1998	1 837.10	1 044.54	56.86%	1 402.40	685.99	48.92%
1999	1 949.30	1 108.82	56.88%	1 657.00	735.78	44.40%
2000	2 492.00	1 376.52	55.24%	2 250.90	925.58	41.12%
2001	2 661.00	1 474.33	55.41%	2 435.50	939.74	38.59%
2002	3 256.00	1 799.28	55.26%	2 951.70	1 222.01	41.40%
2003	4 382.28	2 418.51	55.19%	4 127.60	1 629.04	39.47%
2004	5 933.30	3 279.70	55.28%	5 612.30	2 216.94	39.50%
2005	7 619.50	4 164.67	54.66%	6 599.50	2 740.12	41.52%
2006	9 689.80	5 103.55	52.67%	7 914.60	3 214.72	40.62%
2007	12 204.60	6 175.60	50.60%	9 561.16	3 684.75	38.54%
2008	14 306.90	6 751.14	47.19%	11 325.67	3 783.77	33.41%
2009	12 016.10	5 869.8	48.85%	10 059.23	3 223.4	32.04%
2010	15 777.54	7 403.3	46.92%	13 962.44	4 174.3	29.90%

数据来源：1981—2008 年数据来自《2009 年中国统计年鉴》，2009—2010 年数据来自中国海关数据。

附表5　1981—2010年外资企业进出口占我国进出口总额的比重

年份	我国出口总额（亿美元）	外资企业出口额（亿美元）	外资企业出口比重	我国进口总额（亿美元）	外资企业进口额（亿美元）	外资企业进口比重
1981	220.10	0.32	0.15%	220.20	1.11	0.50%
1982	223.20	0.53	0.24%	192.90	2.76	1.43%
1983	222.30	3.30	1.49%	213.90	2.88	1.35%
1984	261.40	0.69	0.26%	274.10	3.99	1.46%
1985	273.50	2.97	1.08%	422.50	20.64	4.89%
1986	309.40	5.82	1.88%	429.10	24.30	5.66%
1987	394.40	12.08	3.06%	432.10	31.22	7.23%
1988	475.20	24.56	5.17%	552.70	57.47	10.40%
1989	525.40	49.13	9.35%	591.40	87.96	14.87%
1990	620.90	78.14	12.58%	533.50	123.06	23.07%
1991	719.10	120.47	16.75%	637.90	169.07	26.50%
1992	849.40	173.56	20.43%	805.90	263.71	32.72%
1993	917.40	252.37	27.51%	1 039.60	418.33	40.24%
1994	1 210.10	347.13	28.69%	1 156.10	529.34	45.79%
1995	1 487.80	468.76	31.51%	1 320.80	629.43	47.65%
1996	1 510.50	615.06	40.72%	1 388.30	756.04	54.46%
1997	1 827.90	749.00	40.98%	1 423.70	777.21	54.59%
1998	1 837.10	809.62	44.07%	1 402.40	767.17	54.70%
1999	1 949.30	886.28	45.47%	1 657.00	858.84	51.83%
2000	2 492.00	1 194.41	47.93%	2 250.90	1 172.73	52.10%
2001	2 661.00	1 332.18	50.06%	2 435.50	1 258.43	51.67%
2002	3 256.00	1 699.85	52.21%	2 951.70	1 602.54	54.29%
2003	4 382.28	2 403.06	54.84%	4 127.60	2 318.64	56.17%
2004	5 933.30	3 386.07	57.07%	5 612.30	3 245.69	57.83%
2005	7 619.50	4 441.83	58.30%	6 599.50	3 874.56	58.71%
2006	9 689.80	5 637.79	58.18%	7 914.60	4 724.90	59.70%

续表

年份	我国出口总额（亿美元）	外资企业出口额（亿美元）	外资企业出口比重	我国进口总额（亿美元）	外资企业进口额（亿美元）	外资企业进口比重
2007	12 204.60	6 953.71	56.98%	9 561.16	5 597.93	58.55%
2008	14 306.90	7 904.93	55.25%	11 325.67	6 194.28	54.69%
2009	12 016.10	6 720.74	55.93%	10 059.23	5 454.04	54.22%
2010	15 777.54	8 622.29	54.65%	13 962.44	7 383.86	52.88%

数据来源：1981—1991年数据来自《2009年中国贸易外经统计年鉴》；1992—2010年数据来自历年《中国统计年鉴》。

附表6　东部各地区对外贸易额　　　　单位：亿元

地区	1998	2000	2002	2004	2006	2008	2010
北京	2 525.63	4 089.56	4 345.86	7 827.84	12 598.36	18 870.66	20 420.96
天津	878.91	1 420.36	1 889.36	3 477.87	5 147.62	5 593.51	5 564.60
河北	350.14	433.34	551.72	1 119.54	1 476.87	2 668.20	2 838.53
辽宁	1 054.59	1 574.73	1 799.34	2 850.29	3 857.55	5 031.03	5 460.96
上海	2 595.00	4 529.11	6 014.40	13 245.03	18 134.97	22 372.81	24 970.59
江苏	2 187.84	3 778.12	5 819.12	14 141.46	22 639.55	27 243.44	31 531.83
浙江	1 229.76	2 304.10	3 472.74	7 052.92	11 092.51	14 661.75	17 162.92
福建	1 420.75	1 756.95	2 350.88	3 933.72	4 995.07	5 890.90	7 363.88
山东	1 375.77	2 068.77	2 809.36	5 030.75	7 596.18	10 983.30	12 791.01
广东	10 746.11	14 082.06	18 299.78	29 558.85	42 027.89	47 469.20	53 133.53
海南	158.06	106.61	154.52	281.55	316.77	730.91	732.22
总和	24 522.55	36 143.71	47 506.76	88 519.82	129 883.34	161 515.71	181 971.03

数据来源：历年各地区统计年鉴。

附表7　中部各地区对外贸易额　　　　单位：亿元

地区	1998	2000	2002	2004	2006	2008	2010
山西	91.99	146.06	191.34	445.44	528.35	999.40	851.49
吉林	136.84	211.43	306.85	562.26	630.89	926.52	1 140.42

续表

地区	1998	2000	2002	2004	2006	2008	2010
黑龙江	166.45	247.21	359.99	562.16	1 024.96	1 590.33	1 726.22
安徽	258.32	277.07	346.08	596.86	976.43	1 419.25	1 643.42
江西	103.26	134.44	140.27	292.33	493.74	945.78	1 462.22
河南	143.39	188.32	265.15	547.38	780.91	1 217.35	1 204.40
湖北	234.46	265.76	327.32	560.46	935.73	1 428.40	1 753.76
湖南	147.54	208.00	238.06	450.07	586.13	872.71	994.36
总和	1 282.24	1 678.29	2 175.07	4 016.97	5 957.15	9 399.75	10 776.29

数据来源：历年各地区统计年鉴。

附表8　西部各地区对外贸易额　　　单位：亿元

地区	1998	2000	2002	2004	2006	2008	2010
重庆	85.59	147.81	148.49	319.27	436.07	661.26	841.20
四川	173.30	210.70	369.86	466.33	878.57	1 530.58	2 218.92
内蒙古	114.73	168.54	248.72	335.10	474.10	620.42	590.23
广西	247.03	168.70	201.16	354.95	532.04	919.66	1 198.61
贵州	51.53	54.64	57.23	125.35	128.94	234.08	212.43
云南	157.58	150.07	184.27	310.20	496.78	666.69	904.94
陕西	169.84	177.17	184.18	301.47	427.31	578.43	817.95
甘肃	37.73	47.15	72.62	145.93	304.88	423.20	498.90
青海	9.44	13.22	16.28	47.63	51.96	47.81	53.42
宁夏	25.92	36.67	36.65	75.19	114.59	130.70	132.72
新疆	126.85	187.42	222.81	466.45	725.69	1 542.98	1 159.50
总和	1 199.55	1 362.09	1 742.27	2 947.86	4 570.92	7 355.81	8 628.81

数据来源：历年各地区统计年鉴。

附表9　全国及三大区域对外贸易依存度

年份	全国	东部	中部	西部
1998	31.81%	52.07%	6.20%	8.16%
1999	33.34%	53.89%	6.11%	7.38%

续表

年份	全国	东部	中部	西部
2000	39.58%	62.96%	6.99%	8.03%
2001	38.47%	61.17%	7.18%	7.69%
2002	42.70%	66.73%	7.58%	8.48%
2003	51.89%	78.46%	9.30%	9.88%
2004	59.76%	88.95%	10.17%	10.39%
2005	63.22%	91.64%	10.19%	11.11%
2006	65.17%	94.41%	11.13%	11.65%
2007	62.78%	92.97%	12.03%	12.51%
2008	57.29%	84.54%	12.04%	12.71%
2009	44.19%	64.92%	8.36%	9.35%
2010	50.28%	72.65%	10.25%	10.67%

数据来源：历年《中国统计年鉴》。

附表10　东部各地区二氧化碳排放量　　　　　单位：万吨

地区	1998	2000	2002	2004	2006	2008	2010
北京	9 509.7	10 285.6	10 867.1	12 528.9	14 179.3	15 050.4	15 947.7
天津	6 227.0	6 859.1	7 450.5	9 169.1	10 582.6	12 122.0	15 053.7
河北	23 950.5	29 408.2	35 240.4	45 580.4	57 185.0	63 829.7	71 759.5
辽宁	22 705.1	24 980.6	26 170.0	31 669.9	37 866.4	44 853.6	46 693.8
上海	7 921.1	13 450.3	14 983.8	16 921.2	19 037.2	21 511.2	23 105.7
江苏	19 845.0	21 003.7	22 893.2	31 213.6	43 394.1	47 637.1	54 911.0
浙江	13 815.1	15 982.4	19 920.6	25 825.9	28 304.2	32 219.5	35 647.0
福建	4 774.1	5 710.9	7 170.2	10 108.0	14 376.2	17 588.1	20 600.6
山东	22 657.9	31 920.1	41 197.5	54 418.2	72 125.8	81 931.6	90 901.2
广东	16 829.1	19 287.2	22 093.8	28 503.4	33 894.1	36 034.6	43 909.9
海南	805.7	927.8	1 174.1	1 502.9	1 732.3	2 156.7	2 708.9
合计	149 040.2	179 815.8	209 161.1	267 441.3	332 677.2	374 934.6	421 238.8

数据来源：原始数据来自《新中国60年统计资料汇编》与历年各地区统计年鉴。

附表 11　中部各地区二氧化碳排放量　　　单位：万吨

地区	1998	2000	2002	2004	2006	2008	2010
山西	11 491.8	11 509.0	17 205.1	20 881.8	25 080.6	31 550.1	33 994.9
吉林	6 938.2	6 584.8	7 998.0	10 212.0	16 601.4	19 860.9	20 063.9
黑龙江	16 233.3	13 474.5	14 842.1	18 317.3	18 622.2	20 527.5	27 110.1
安徽	11 898.9	12 752.9	13 861.9	15 697.1	18 456.7	21 536.7	25 512.0
江西	4 676.7	5 638.3	6 734.4	8 780.6	10 803.8	12 351.9	14 600.5
河南	18 704.5	20 427.2	22 973.0	33 326.8	41 591.9	48 251.3	53 565.3
湖北	13 388.2	13 543.3	14 695.1	18 308.2	22 744.4	24 667.2	29 515.5
湖南	10 561.6	10 852.8	11 323.6	14 515.9	21 874.5	25 097.6	28 801.2
合计	93 893.14	94 782.79	109 633.3	140 039.6	175 775.5	203 843.2	233 163.3

数据来源：原始数据来自《新中国 60 年统计资料汇编》与历年各地区统计年鉴。

附表 12　西部各地区二氧化碳排放量　　　单位：万吨

地区	1998	2000	2002	2004	2006	2008	2010
重庆	5 117.3	5 625.5	6 195.3	7 615.5	10 210.3	12 274.5	15 754.9
四川	13 500.0	11 381.5	13 392.1	18 909.1	21 254.7	24 560.5	32 830.6
内蒙古	9 168.9	10 235.1	13 423.1	22 586.0	31 695.8	40 663.3	49 125.1
广西	3 931.6	4 371.0	4 998.0	7 587.3	9 216.3	12 349.1	16 524.1
贵州	5 932.4	5 655.8	5 786.5	8 638.7	9 178.6	9 854.7	10 650.8
云南	6 866.6	6 270.8	7 456.8	9 731.5	13 286.4	14 483.1	14 835.7
陕西	7 426.6	6 396.7	8 406.5	11 594.0	14 915.1	17 361.8	21 268.8
甘肃	5 915.0	6 621.9	7 042.7	8 707.2	10 580.7	11 805.8	12 708.3
青海	1 112.3	1 144.1	1 262.7	1 739.1	2 642.8	3 404.9	3 171.2
宁夏	1 774.7	1 851.6	2 309.0	5 870.9	7 143.2	8 174.1	9 423.4
新疆	7 577.7	7 698.3	8 296.1	10 935.4	13 625.2	16 110.3	19 110.2
合计	68 323.25	67 252.41	78 568.88	113 914.7	143 749.1	171 042.2	205 403.1

数据来源：原始数据来自《新中国 60 年统计资料汇编》与历年各地区统计年鉴。

附表13　三大区域二氧化碳排放量及增长率

年份	东部		中部		西部	
	CO_2排放量（百万吨）	CO_2排放量增长率（%）	CO_2排放量（百万吨）	CO_2排放量增长率（%）	CO_2排放量（百万吨）	CO_2排放量增长率（%）
1998	1 490.402	—	938.931 4	—	683.232 5	—
1999	1 531.904	2.8	937.488 7	−0.2	570.283 2	−16.5
2000	1 798.158	17.4	947.827 9	1.1	672.524 1	17.9
2001	1 913.901	6.4	1 004.007	5.9	716.370 5	6.5
2002	2 091.611	9.3	1 096.333	9.2	785.688 8	9.7
2003	2 353.378	12.5	1 225.819	11.8	945.230 6	20.3
2004	2 674.413	13.6	1 400.396	14.2	1 139.147	20.5
2005	3 010.471	12.6	1 610.59	15.0	1 292.339	13.4
2006	3 326.772	10.5	1 757.755	9.1	1 437.491	11.2
2007	3 619.912	8.8	1 916.752	9.0	1 600.089	11.3
2008	3 749.346	3.6	2 038.432	6.3	1 710.422	6.9
2009	3 934.118	4.9	2 126.223	4.3	1 810.082	5.8
2010	4 212.388	7.1	2 331.633	9.7	2 054.031	13.5

数据来源：原始数据来自《新中国60年统计资料汇编》与历年各地区统计年鉴。

附表14　我国与主要贸易伙伴的工业产品进出口贸易占我国工业产品贸易总额的比重

年份	出口占比	进口占比
2001	91.00%	83.65%
2002	90.82%	82.82%
2003	90.67%	82.48%
2004	90.49%	80.92%
2005	90.03%	79.10%
2006	88.58%	77.52%
2007	86.87%	76.95%
2008	84.67%	74.45%
2009	84.85%	74.18%
2010	84.62%	74.11%

数据来源：OECD，Stan Bilateral Trade Database。

附表15 2001—2010年我国对主要贸易伙伴出口贸易含碳量

单位：万吨

贸易伙伴	2001	2002	2003	2004	2005	2006	2007	2008	2009	2010	合计
欧盟	4 561.9	5 380.8	4 416.8	5 831.7	8 278.8	9 818.6	11 218.1	10 672.4	8 241.6	9 849.7	78 270.4
美国	5 306.1	6 815.3	4 931.7	6 537.0	9 050.8	10 221.6	10 342.2	9 158.8	7 474.2	8 712.7	78 550.5
日本	4 260.6	4 658.1	3 426.8	4 227.6	5 213.9	5 263.0	5 237.6	4 891.8	3 631.7	4 150.7	44 961.6
东盟	2 036.4	2 582.0	1 942.7	2 648.3	3 647.7	4 123.7	4 847.9	4 744.0	4 267.3	5 103.5	35 943.6
中国香港	4 094.7	5 045.3	3 477.2	4 473.4	5 791.9	6 323.3	6 792.9	5 579.6	4 574.6	5 392.6	51 545.3
韩国	1 396.2	1 741.0	1 349.6	1 829.5	2 448.2	2 817.5	3 142.6	3 231.6	2 208.2	2 572.7	22 736.9
中国台湾	577.5	752.0	603.2	871.8	1 140.7	1 263.8	1 387.2	1 300.4	976.9	1 315.1	10 188.8
俄罗斯	236.7	308.4	328.7	504.5	800.8	923.1	1 418.5	1 366.7	683.6	1 010.6	7 581.6
澳大利亚	411.1	509.7	410.0	551.2	723.2	800.6	922.5	952.1	815.7	957.4	7 053.5
印度	342.6	456.5	354.9	553.0	876.2	1 190.8	1 659.0	1 734.2	1 448.3	1 999.9	10 615.4

注：表中数据根据式（6-3）计算。

附表16 2001—2010年中国从日本的进口   单位：亿元

部门	2001	2002	2003	2004	2005	2006	2007	2008	2009	2010
煤炭开采和洗选业	0.000	0.019	0.000	0.000	0.003	0.010	0.011	0.007	0.009	0.001
石油和天然气开采业	0.000	0.000	1.056	0.097	0.000	0.000	0.000	0.000	0.000	0.000
金属矿采选业	0.817	0.621	0.998	1.265	1.089	0.739	1.200	0.741	0.247	0.217
非金属矿及其他矿采选业	4.701	5.012	7.180	9.096	10.610	10.679	12.579	30.952	9.000	15.125
食品制造及烟草加工业	17.2	16.0	18.1	20.0	25.8	29.3	26.5	23.4	26.6	35.2
纺织业	134.3	127.7	153.2	203.9	196.5	202.0	177.0	166.9	136.3	173.1
纺织服装鞋帽皮革羽绒及其制品业	114.0	101.5	99.0	80.4	74.0	55.2	66.6	65.1	58.5	40.1
木材加工及家具制造业	0.9	1.3	2.4	2.5	2.5	2.4	2.1	2.0	1.8	1.9
造纸印刷及文教体育用品制造业	41.1	48.4	58.9	71.1	75.1	74.2	93.9	92.1	88.0	115.3
石油加工、炼焦及核燃料加工业	20.7	27.2	31.5	55.1	98.0	114.6	138.1	313.9	128.6	131.2
化学工业	668.1	795.6	1 033.4	1 385.7	1 632.7	1 839.2	2 137.8	2 162.0	1 838.4	2 386.4
非金属矿物制品业	57.4	61.3	75.1	93.9	97.4	103.7	102.0	98.1	84.6	134.6
金属冶炼及压延加工业	312.5	399.6	465.7	620.5	691.1	797.9	916.8	1 005.8	815.7	1 024.8

续表

部门	2001	2002	2003	2004	2005	2006	2007	2008	2009	2010
金属制品业	46.5	57.6	89.2	129.0	153.0	180.3	190.7	195.5	180.9	233.0
通用、专用设备制造业	601.2	770.9	1 108.5	1 454.8	1 415.0	1 579.2	1 630.3	1 669.4	1 279.1	2 256.6
交通运输设备制造业	163.4	270.5	401.8	500.6	454.8	589.9	704.5	824.9	874.9	1 247.3
电气机械及器材制造业	275.2	305.2	420.6	585.6	660.6	765.0	835.3	838.5	729.0	960.6
通信设备、计算机及其他电子设备制造业	1 772.4	2 314.0	3 310.3	3 852.0	3 898.6	4 400.6	4 895.8	4 490.5	3 794.3	4 573.6
仪器仪表及文化办公用机械制造业	355.3	479.3	761.5	970.8	1 047.9	1 086.2	1 123.0	1 203.0	999.1	1 320.2
其他工业	85.7	85.3	123.9	169.8	210.1	229.4	277.7	290.2	322.7	359.9

数据来源：OECD，Stan Bilateral Trade Database。

附表17 2001—2010年中国从欧盟的进口　　单位：亿元

部门	2001	2002	2003	2004	2005	2006	2007	2008	2009	2010
煤炭开采和洗选业	0.002	0.008	0.023	0.047	0.112	0.155	0.274	0.410	0.309	0.599
石油和天然气开采业	23.078	8.542	18.874	3.598	3.498	0.001	0.001	4.939	0.003	5.160
金属矿采选业	3.289	2.892	3.010	7.109	16.873	16.182	34.511	29.612	51.565	59.172
非金属矿及其他矿采选业	43.008	53.382	59.106	71.783	77.138	85.703	80.951	70.591	65.032	85.293
食品制造及烟草加工业	48.5	47.1	62.1	82.6	103.7	124.5	161.2	206.9	181.0	259.5
纺织业	47.7	53.4	66.8	96.8	112.0	139.3	153.1	163.5	140.0	215.7
纺织服装鞋帽皮革羽绒及其制品业	40.5	42.4	43.2	38.2	42.2	38.0	57.7	63.8	60.1	49.9
木材加工及家具制造业	25.9	23.8	19.6	18.9	17.5	18.4	18.0	16.6	16.1	24.6
造纸印刷及文教体育用品制造业	92.0	106.7	115.9	135.1	125.5	132.9	145.0	135.9	148.1	179.3
石油加工、炼焦及核燃料加工业	7.3	9.9	12.8	16.2	11.6	17.8	21.4	31.5	26.0	51.0
化学工业	714.9	853.7	1 108.9	1 404.7	1 595.0	1 769.5	2 124.8	2 469.0	2 404.6	3 037.6
非金属矿物制品业	31.0	30.1	38.4	47.0	45.8	55.8	67.5	73.1	64.1	80.1
金属冶炼及压延加工业	117.6	156.5	261.6	307.3	422.3	448.0	510.3	539.6	476.9	481.4

续表

部门	2001	2002	2003	2004	2005	2006	2007	2008	2009	2010
金属制品业	74.3	77.9	121.6	129.2	130.1	152.5	200.9	242.4	241.9	277.7
通用、专用设备制造业	750.3	955.2	1 307.2	1 783.5	1 695.9	1 879.3	2 114.2	2 393.1	2 221.1	2 681.3
交通运输设备制造业	286.4	359.3	672.1	730.2	691.2	1 127.2	1 321.7	1 432.0	1 328.6	2 312.2
电气机械及器材制造业	220.6	247.8	343.4	454.7	474.4	567.9	691.8	749.6	715.0	833.9
通信设备、计算机及其他电子设备制造业	1168.9	783.1	909.1	1 284.4	1 340.0	1 535.5	1 639.9	1 501.2	1 379.5	1 525.8
仪器仪表及文化办公用机械制造业	243.9	269.0	349.5	464.4	487.7	541.4	579.3	637.9	630.6	794.5
其他工业	64.2	70.8	110.0	184.6	231.6	305.4	475.7	523.2	533.7	773.5

数据来源：OECD，Stan Bilateral Trade Database。

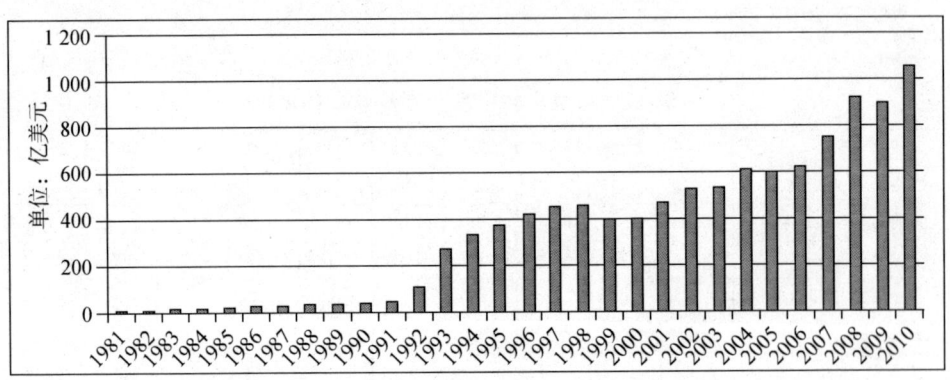

附图1　1981—2010年中国实际使用外商直接投资额

数据来源：历年《中国统计年鉴》。

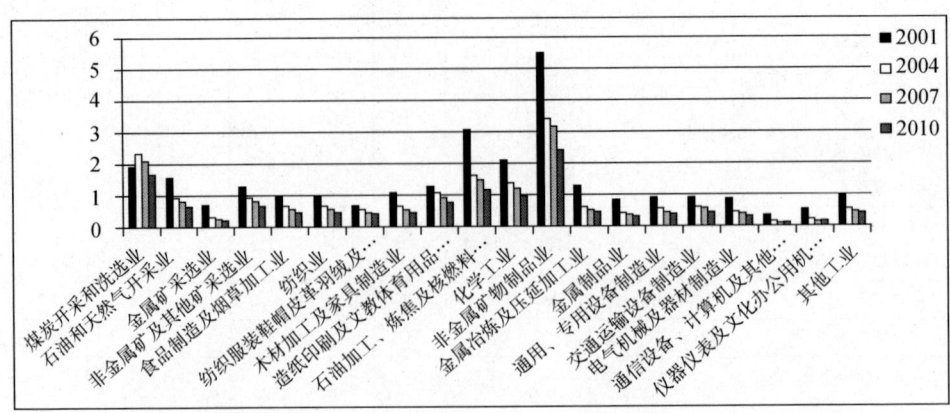

附图2　2001—2010年中国各工业行业的碳排放系数　单位：万吨/亿元

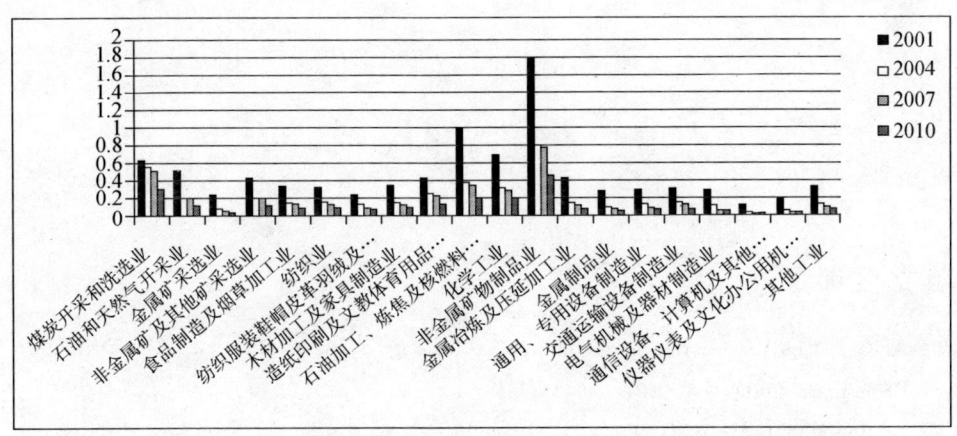

附图3 2001—2010年进口来源国各工业行业的碳排放系数　单位：万吨/亿元

参考文献

英文文献

[1] ANG J. CO_2 Emissions, Research and Technology Transfer in China [J]. Ecological Economics, 2009, 68 (10): 2658-2665.

[2] ATKINSON G, HAMILTON K. Trade in 'Virtual Carbon': Empirical Results and Implications for Policy [J]. Global Environmental Change, 2011, 21 (2): 563-574.

[3] WYCKOFF A, ROOP J. The Embodiment of Carbon in Imports of Manufactured Products: Implications for International Agreements on Greenhouse Gas Emissions [J]. Energy Policy, 1994, 22 (3): 187-194.

[4] ANDERSON T, FOLKE C. Trading with the Environment: Ecology, Economics, Institutions and Policy [M]. Earthscan, 1995.

[5] ANTWEILER W, COPELAND B, TAYLOR M. Is Free Trade Good for the Environment? [J]. American Economic Review, 2001, 91 (4): 877-908.

[6] ANDERSON K. Agricultural Trade Liberalization and the Environment: A Global Perspective [J]. The World Economy, 1992, 15 (1): 153-171.

[7] BRANDER C, TAYLOR S. International Trade between Consumer and ConservanistCountries [J]. Resource and Energy Economics, 1997, 19 (4): 267-297.

[8] BAUIN S, MICHELET B, SCHWEIGHOFFER M G. Using Bibliometrics in Strategic Analysis: "Understanding Chemical Reactions" at the CNRS [J]. Scientometrics, 1991, 22 (1): 113-137.

[9] CALLON M, COURTIAL P, LAVILLE F. Co-word Analysis as a Tool for Describing the Network of Interactions between Basic and Technological Research: The Case of Polymer Chemsitry [J]. Scientometrics, 1991, 22 (1): 155-205.

[10] CHEN C. CiteSpace II: Detecting and Visualizing Emerging Trends and Transient Patterns in Scientific Literature [J]. Journal of the American Society for Information Science and Technology, 2006, 57 (3): 359-377.

[11] COPELAND B, TAYLOR M. North-South Trade and the Environment [J]. QuarterlyJournal of Economics, 1994 (109): 755-787.

[12] COPELAND B, TAYLOR M. Trade and the Environment: Theory and Evidence

[M]. Princeton NJ: Princeton University Press, 2003.

[13] CHICHILNISKY G. North-South Trade and the Global Environment [J]. American Economic Review, 1994, 84 (4): 851-874.

[14] COLE M, ELLIOTT R. Determining the Trade-Environment Composition Effect: the Role of Capital, Labor and Environmental Regulations [J]. Journal of Environmental Economics and Management, 2003, 4 (3): 363-383.

[15] COLE M. Trade, the Pollution Haven Hypothesis and the Environmental KuznetsCurve: Examing the Linkage [J]. Ecological Economics, 2004 (48): 71-81.

[16] DALY H. The Perils of Free Trade [J]. Scientific American, 1993 (269): 24-29.

[17] EDERINGTON J, MINIER J. Is Environment Policy a Secondary Trade Barrier? An Empirical Analysis [J]. Canadian Journal of Economics, 2003, 36 (1): 137-154.

[18] FRANKEL J, ROSE A. Is Trade Good or Bad for the Environment? Sorting Out the Causality [J]. Review of Economics and Statistics, 2005, 87 (1): 85-91.

[19] GROSSMAN G, KRUEGER A. Environmental Impacts of the North American Free Trade Agreement [N]. NBER Working paper, 1991.

[20] GROSSMAN G, KREUGER A. Environmental Impacts of a North American Free Trade Agreement, in the Mexico-U. S. Free trade Agreement [M]. Cambridge, Massachusetts and London: MIT Press, 1993: 13-56.

[21] GUAN D, HUBACEK K, WEBER C, PETERS P, REINER M. The Drivers of Chinese CO_2 Emissions from 1980—2030 [J]. Global Environmental Change, 2008, 18 (4), 626-634.

[22] GRIMES P, KENTOR J. Exporting the Greenhouse: Foreign Capital Penetration and CO_2 Emissions 1980—1996 [J]. Journal of World-Systems Research, 2003 (2): 261-275.

[23] GALE L. Trade Liberalization and Pollution: An Input-output Study of Carbon Dioxide Emissions in Mexico [J]. Economic Systems Research, 1995, 7 (3): 309-320.

[24] HAYAMI H, NAKAMURA M. Greenhouse Gas Emissions in Canada and Japan: Sector-specific Estimates and Managerial and Economic Implications [J]. Journal of Environmental Management, 2007, 85 (2): 371-392.

[25] IEA. CO_2 Emissions from Fuel Combustion [R]. International Energy Agency, 2012.

[26] JAFFE A, PETERSON S, PORTNEY P, STAVINS R. Environmental Regulation and the Competitiveness of U. S. Manufacturing: What Does the Evidence

Tell Us? [J]. Journal of Economic Literature, 1995, 33 (1): 132-163.

[27] JENKINS R. Environmental Regulation and International Competitiveness: A Review of Literature and some European Evidence [N]. Discussion Paper No. 1, United Nations University, Institute for New Technologies, 1998.

[28] JALIL A, MAHAMUD F. Environment Kuznets Curve for CO_2 Emissions: A Cointegration Analysis for China [J]. Energy Policy, 2009, 37 (12): 5167-5172.

[29] KEARSLEY A, RIDDEL M. A Further Inquiry into the Pollution Haven Hypothesis and the Environmental Kuznets Curve [J]. Ecological Economics, 2009, 69 (4): 905-919.

[30] LEE H, ROLAND-HOLST D. The Environment and Welfare Implications of Tradeand Tax Policy [J]. Journal of Development Economics, 1997, 52 (1): 65-82.

[31] MACHADO G, SCHAEFFER R. Energy and Carbon Embodied in the International Trade of Brazil: An Input-output Approach [J]. Ecological Economics, 2001, 39 (3):409-424.

[32] MANAGI S. Trade Liberalization and the Environment: Carbon Dioside for 1960-1999 [J]. Economics Bulletin, 2004, 17 (1): 1-5.

[33] MANAGI S, HIBIKI A, TSURUMI T. Does Trade Liberalization Reduce Pollution Emission [N]. Research Institute of Economy, Trade and Industry Discussion Paper Series, 2008.

[34] MUNKSGAARD J, PEDERSEN K. CO_2 Accounts for Open Economies: Producer or Consumer Responsibility? [J]. Energy Policy, 2001, 29 (4): 327-335.

[35] PANAYOTOU T. Economic Growth and the Environment [N]. CID Working Paper, 2000.

[36] PANAYOTOU T. Empirical Tests and Policy Analysis of Environmental Degradation at Different Stages of Economic Development [N]. Working Paper WP238, Technology and Employment Programme, International Labor Office, Geneva, 1993.

[37] PETHIG R. Pollution, Welfare, and Environmental Policy in the Theory of Comparative Advantage [J]. Journal of Environmental Economics and Management, 1976 (2):160-169.

[38] PORTER M, VAN DER LINDE C. Towards a New Concpeption of the Environment Competitiveness Relationship [J]. Journal of Economics Perspectiues, 1995 (9):97-118.

[39] PETERS P, WEBER L, GUAN D. Hubacek, K. China's Growing CO_2 Emissions:

A Race between Increasing Consumption and Efficiency Gains [J]. Environmental Science & Technology, 2007, 41 (17): 5939-5944.

[40] ROBERTS J, GRIMES P, MANALE J. Social Roots of Global Environmental Change: A World-Systems Analysis of Carbon Dioxide Emissions [J]. Journal of World-Systems Research, 2003, 9 (2): 277-315.

[41] RUNGE C. Free Trade, Protected Environment [M]. New York: Council on Foreign Relation Press, 1993.

[42] RAUPACH M, MARLAND G, CIAIS P. Global and Regional Drivers of Accelerating CO_2 Emissions [J]. Proceeding of the National Academy of Sciences of the USA, 2007, 104 (24): 10288-102931.

[43] SELDEN T, SONG D. Environmental Quality and Development: Is there a Kuznets Curve for Air Pollution Emissions? [J]. Journal of Environmental Economics and Management, 1994, 27 (2): 147-162.

[44] SHUI B, HARRISS R. The Role of CO_2 Embodiment in US - China Trade [J]. Energy Policy, 2006, 34 (18): 4063-068.

[45] STEVENS K. Harmonization, Trade and Environment [J]. International Environment Affairs, 1993, 5 (1): 42-49.

[46] STRETESKYA P, LYNCHB M. Cross-national Study of the Association Between per Capita Carbon Dioxide Emissions and Exports to the United States [J]. Social Science Research, 2009, 38 (1): 239-250.

[47] STEVENS R. Environmental Regulation and International Competitiveness [J]. Yale Law Journal, 1993, 102 (8): 2039-2139.

[48] STRETESKYA B, LYNCHB A. A Cross-national Study of the Association between per Capita Carbon Dioxide Emissions and Exports to the United States [J]. Social Science Research, 2009, 38 (1): 239-250.

[49] SÁNCHEZ-CHÓLIZ J, DUARTE R. CO_2 Emissions Embodied in International Trade: Evidence for Spain [J]. Energy Policy, 2004, 32 (18): 1999-2005.

[50] SCHAEFFER R, ANDRE LEAL DE SÁ. The Embodiment of Carbon Associated with Brazilian Importsand Exports [J]. Energy Conversion and Management, 1996, 37 (6-8): 955-960.

[51] TOBEY J. The Effects of Domestic Environmental Policies on Patterns of World Trade: An Empirical Test [J]. Kyklos, 1990, 43 (2): 191-209.

[52] TAKEDA F, MATSUURA K. Trade and the Environment in East Asia: Examing the Linkages with Japan and the USA [J]. Journal of the Korean Economy, 2006, 7 (1): 33-56.

[53] TALUKDAR D, MEISNER C. Does the Private Sector Help or Hurt the Environmenta? Evidenve from Carbon Dioxide Pollution in Developing Countries [J]. World Development, 2001, 29 (5): 827-840.

[54] TAKEDA F, MATSUURA K. Trade and the Environment in East Asia: Examing the Linkages with Japan and the USA [J]. Journal of The Korean Economy, 2006, 7 (1): 33-56.

[55] U. S. Energy Information Administration. International Energy Statistics [DB/CD]. http://www.eia.doe.gov/, 2009-10-23.

[56] WYCKOFF A, ROOP J. The Embodiment of Carbon in Imports of Manufactured Products: Implications for International Agreements on Greenhouse Gas Emissions [J]. Energy Policy, 1994, 22 (3): 187-194.

[57] WHEELER D. Racing to the Bottom: Foreign Investment and Air Pollution in Developing Countries [J]. Journal of Environment and Environment and Development, 2001, 10 (3): 224-245.

中文文献

[1] 安德森·托马斯. 环境与贸易——生态、经济、体制和政策 [M]. 北京: 清华大学出版社, 1998.

[2] 布莱恩·科普兰, 斯科特·泰勒尔. 贸易与环境——理论及实证 [M]. 上海: 格致出版社, 2009.

[3] 陈建国. 贸易与环境: 经济·法律·政策 [M]. 天津: 天津人民出版社, 2001.

[4] 陈迎, 潘家华, 谢来辉. 中国外贸进出口商品中的内涵能源及其政策含义 [J]. 经济研究, 2008 (7): 11-25.

[5] 陈诗一. 能源消耗、二氧化碳排放与中国工业的可持续发展 [J]. 经济研究, 2009 (4): 41-55.

[6] 傅京燕. 环境规制、要素禀赋与贸易模式: 理论与实证研究 [M]. 北京: 经济科学出版社, 2010.

[7] 傅京燕. 贸易与环境问题的研究动态与评述 [J]. 国际贸易问题, 2005 (10): 124-128.

[8] 傅京燕. 国外有关环境与贸易问题研究的进展及其启示 [J]. 财贸经济, 2005 (8): 54-57.

[9] 龚健健, 沈可挺. 中国高耗能产业及其环境污染的区域分布——基于省际动态面板数据的分析 [J]. 数量经济技术经济研究, 2011 (2): 11-12.

[10] 高静, 刘友金. 中美贸易中隐含的碳排放以及贸易环境效应——基于环境投入产出法的实证分析 [J]. 当代财经, 2012 (5): 94-105.

[11] 谷祖莎. 贸易、环境与中国的选择 [J]. 山东大学学报（哲学社会科学版），2005（6）：118-123.

[12] 谷祖莎. 绿色屏障——国际贸易中的环境问题与中国的选择 [M]. 北京：中国经济出版社，2005.

[13] 郭红燕，韩立岩. 外商直接投资、环境管制与环境污染 [J]. 国际贸易问题，2008（8）：111-118.

[14] 何洁. 国际贸易对环境的影响：中国各省的二氧化硫（SO_2）工业排放 [J]. 经济学（季刊），2010（1）：415-443.

[15] 李秀香，张婷. 出口增长对我国环境影响的实证分析——以 CO_2 排放量为例 [J]. 国际贸易问题，2004（7）：9-12.

[16] 李小平，卢现祥. 国际贸易、污染产业转移和中国工业 CO_2 排放 [J]. 经济研究，2010（1）：16-23.

[17] 李锴，齐绍洲. 贸易开放、经济增长与中国二氧化碳排放 [J]. 经济研究，2011（11）：60-69.

[18] 卢授永. 国际贸易中的绿色瓶颈制约及其对策 [J]. 国际贸易问题，2003（1）：42-45.

[19] 兰天. 贸易与跨国界环境污染 [M]. 北京：经济管理出版社，2004.

[20] 刘强，庄幸，姜克隽，韩文科. 中国出口贸易中的载能量及碳排放量分析 [J]. 中国工业经济，2008（8）：46-55.

[21] 刘林奇. 我国对外贸易环境效应理论与实证分析 [J]. 国际贸易问题，2009（3）：70-77.

[22] 刘华军，闫庆悦. 贸易开放、FDI 与中国 CO_2 排放 [J]. 数量经济技术经济研究，2011（3）：21-33.

[23] 刘瑞翔，姜彩楼. 从投入产出视角看中国能耗加速增长现象 [J]. 经济学（季刊），2011（3）：778-796.

[24] 罗垫. 我国污染密集型工业品贸易的环境效应研究 [J]. 国际贸易问题，2007（10）：96-100.

[25] 梅多斯等. 增长的极限 [M]. 于树生，译. 北京：商务印书馆，1984.

[26] 彭水军，刘安平. 中国对外贸易的环境影响效应：基于环境投入—产出模型的经验研究 [J]. 世界经济，2010（5）：140-158.

[27] 彭水军，包群. 中国经济增长与环境污染——基于时序数据的经验分析（1985—2003）[J]. 当代财经，2006（7）：5-12.

[28] 彭水军，包群. 中国经济增长与环境污染——基于广义脉冲响应函数法的实证研究 [J]. 中国工业经济，2006（5）：15-23.

[29] 彭水军，赖明勇，包群. 环境、贸易与经济增长——理论、模型与实证 [M]. 上

海：上海三联书店.

[30] 齐晔，李惠民，徐明. 中国进出口贸易中的隐含碳估算 [J]. 中国人口·资源与环境，2008（3）：70-72.

[31] 曲如晓. 环境外部性与国际贸易福利效应 [J]. 国际经贸探索，2002（1）：10-14.

[32] 曲如晓. 贸易与环境：理论与政策研究 [M]. 北京：人民出版社，2009.

[33] 任建兰. WTO 的基本贸易规则和环境保护的约束冲突分析 [J]. 环境保护，2001（12）：4-8.

[34] 任力，黄崇杰. 中国对外贸易与碳排放 [J]. 经济学家，2011（3）：80-81.

[35] 盛斌，吕越. 外国直接投资对中国环境的影响——来自工业行业面板数据的实证研究 [J]. 中国社会科学，2012（5）：54-75.

[36] 沈利生，吴振宇. 出口对中国 GDP 增长的贡献——基于投入产出表的实证分析 [J]. 经济研究，2003（11）：33-41.

[37] 托马斯·安德森等. 环境与贸易——生态、经济体制和政策 [M]. 北京：清华大学出版社，1998.

[38] 魏本勇，方修琦，王媛. 基于投入产出分析的中国国际贸易碳排放研究 [J]. 北京师范大学学报（自然科学版），2009（8）：413-419.

[39] 许广月，宋德勇. 我国出口贸易、经济增长与碳排放关系的实证研究 [J]. 国际贸易问题，2010（1）：76-77.

[40] 徐淑萍. 贸易与环境的法律问题研究 [M]. 武汉：武汉大学出版社，2002.

[41] 徐圆. 国际贸易对中国环境的影响——规模、结构和技术效应分析 [J]. 世界经济研究，2010（10）：57-61.

[42] 谢涓，许漪. 对外贸易影响下的环境效应分析 [J]. 经济问题，2010（9）：35-37.

[43] 闫云凤，杨来科. 中美贸易与气候变化——基于投入产出法的分析 [J]. 国际贸易，2009（7）：40-44.

[44] 应瑞瑶，周力. 外商直接投资、工业污染与环境规制——基于中国数据的计量经济学分析 [J]. 财贸经济，2006（1）：76-81.

[45] 叶汝求. 环境与贸易 [M]. 北京：中国环境科学出版社，2001.

[46] 游伟民. 我国西部地区贸易对环境污染影响的分析 [J]. 当代财经，2010（10）：92-97.

[47] 游伟民. 对外贸易对我国环境影响的区域差异研究——基于 2000—2008 年省际面板数据的分析 [J]. 中国人口·资源与环境，2010（12）：159-162.

[48] 尹显萍，程茗. 中美商品贸易中的内涵碳分析及其政策含义 [J]. 中国工业经济，2010（8）：45-55.

[49] 张友国. 中国贸易增长的能源环境代价 [J]. 数量经济技术经济研究，2009（1）：16-30.

[50] 张连众，朱坦，李慕菌，张伯伟. 贸易自由化对我国环境污染的影响分析 [J]. 南开经济研究，2003（3）：3-5.

[51] 庄惠明，赵春明，郑伟腾. 中国对外贸易的环境效应实证——基于规模、技术和结构三种效应的考察 [J]. 经济管理，2009（5）：9-14.

[52] 张友国. 经济发展方式变化对中国碳排放强度的影响 [J]. 经济研究，2010（4）：120-132.

[53] 张友国. 中国贸易增长的能源环境代价：1987—2006 [J]. 数量经济技术经济研究，2009（1）：16-29.

[54] 张友国. 中国贸易含碳量及其影响因素——基于（进口）非竞争型投入产出表的分析 [J]. 经济学（季刊），2010（4）：1288-1308.

[55] 张为付，周长富. 我国碳排放轨迹呈现库兹涅茨倒 U 型吗？——基于不同区域经济发展与碳排放关系分析 [J]. 经济管理，2011（6）：22-23.

后 记

本书是在我的博士论文的基础上修改完成的。

三年前,我获得了在我的母校攻读博士学位的资格,这对于44岁的我来说,既是一个难得的机遇,也面临着巨大的挑战。回顾三年的论文写作过程,我禁不住百感交集。从最初的选题、构思、收集资料,到论文的初稿,经过反复的修改后,到最后的定稿,我经历了一个痛苦且快乐的过程,深刻地体会到了做学问的艰辛与乐趣,也从中学到了不少新的知识和论文写作的方法,开阔了研究视野。短暂的三年,将令我受益终生。在本书即将付梓之际,我要对多年来对我悉心教导和无私帮助的老师、同事、朋友及家人表示衷心的感谢!

首先要感谢我的导师孔庆峰教授,孔老师给予我的鼓励和帮助对于我学业的完成是必不可少的,同时也将会对我今后的工作和学习起到巨大的作用。从论文的选题到构思和成文,一直得到他的耐心指导,孔老师深入浅出的点拨,常使我茅塞顿开;他在治学中所表现出来的严谨的态度、敏锐的判断力、民主的作风使我深受教育和启迪。

感谢李长英教授、范爱军教授、刘庆林教授、张宏教授、綦建红教授及张乃丽教授给我提出的宝贵意见,正是他们在开题和预答辩中的中肯意见和热心指教,才有了论文的改进和提高;老师们精辟的论述开阔了我的学术视野,也使论文的研究思路更加清晰。

在三年的博士论文写作中,我再次深切感受到人是需要相互支撑的,邻近半百之年求学,学习的压力很大,精神上也少不了紧张,幸亏有很多年轻同事的相伴。在这里我要感谢我的同事沈君老师、王杰老师、李晓霞老师及周宏燕老师,他们的朝气和进取心给了我压力,也给了我动力。三年来与他们的合作与交流令我获益良多。

感谢我的家人在精神上和生活上所给予的巨大理解和支持,他们的爱是我永远的精神支柱和心灵港湾;他们的鼓励和期盼是我进取的动力。

后 记

  本书的出版得到了山东大学（威海）商学院服务经济与管理重点学科专项资金的资助，谨致谢意。

  感谢知识产权出版社及李瑾编辑的辛勤工作。

  由于各种因素的限制，本书定有一些不足之处，欢迎读者批评指正。

谷祖莎

2015 年 11 月